समकालीन मराठी अनूदित कविता

समकालीन मराठी अनूदित कविता

सम्पादक

सुनील बाबुराव कुलकर्णी
देशगव्हाणकर

राजकमल प्रकाशन

ISBN : 978-93-93768-83-4

मूल्य : ₹495

पहला संस्करण : 2022

प्रकाशक : राजकमल प्रकाशन प्रा. लि.
1-बी, नेताजी सुभाष मार्ग, दरियागंज
नई दिल्ली-110 002
शाखाएँ : अशोक राजपथ, साइंस कॉलेज के सामने, पटना-800 006
पहली मंजिल, दरबारी बिल्डिंग, महात्मा गांधी मार्ग, प्रयागराज-211 001
36 ए, शेक्सपियर सरणी, कोलकाता-700 017
वेबसाइट : www.rajkamalprakashan.com
ई-मेल : info@rajkamalprakashan.com

मुद्रक : बी.के. ऑफसेट
नवीन शाहदरा, दिल्ली-110 032

SAMKALEEN MARATHI ANUDIT KAVITA
Edited by Dr. Sunil Baburao Kulkurni

क्रम

भूमिका कथन

डॉ. बाबासाहब आंबेडकर मराठवाड़ा विश्वविद्यालय, औरंगाबाद के स्नातकोत्तर हिन्दी प्रथम वर्ष के वैकल्पिक प्रश्न-पत्र हेतु निर्मित पाठ्य-पुस्तक 'समकालीन मराठी अनूदित कविता' छात्र तथा अध्यापकों की सेवा में समर्पित करते हुए हम परम हर्ष का अनुभव कर रहे हैं। विश्वविद्यालय अनुदान आयोग, नई दिल्ली और भारत सरकार की नई शिक्षा नीति के मार्गदर्शक तत्त्वों के अनुसार, हमने स्नातकोत्तर स्तर हिन्दी का पाठ्यक्रम 'अस्सी प्रतिशत वैश्विक और बीस प्रतिशत लोकल' रखने का प्रयास किया है। उसी नीति के तहत हमने मराठवाड़ा के सात जिलों में रहने वाले बीस मूल मराठी भाषी समकालीन कवियों की कुल चालीस अनूदित कविताओं का यह संकलन पाठ्यक्रम में लगाने का निर्णय लिया है।

संकलन की कविताओं और कवियों का चयन करते समय यह बात विशेष रूप से ध्यान में रखी गई है कि चयनित कवि मूलत: मराठवाड़ा प्रांत से ही सम्बन्धित हों। समकालीन मराठी अनूदित कविता से यहाँ हमारा अभिप्राय सन् 1950 के बाद जन्मे और अस्सी के दशक के आस-पास से मराठी कविता का लेखन करने वाले तथा सन् 1980 के आस-पास में जन्मे और सन् 2000 से 2021 तक की कालावधि में कविता लेखन करने वाले कवियों की अनूदित कविता हैं। इन सारे कवियों के मूल मराठी भाषी होने के कारण हिन्दी के छात्र प्राय: उनसे अनभिज्ञ हैं। इन सभी कवियों के मराठवाड़ा की मिट्टी में पले-बढ़े होने के कारण इनकी कविताओं में मिट्टी की सोंधी सुगन्ध के साथ-साथ मराठवाड़ा की भूमि पर घटित सामाजिक, राजनीतिक, आर्थिक, शैक्षिक, सांस्कृतिक गतिविधियों का यथार्थ चित्र अंकित हुआ है। उसे जानने और समझने में छात्रों को निश्चित रूप से सहायता मिलेगी, ऐसा हमें पूरा विश्वास है।

प्रस्तुत अनूदित कविता संकलन में रेणु पाचपोर—*नदी, बस कुछ कहना हुआ*, इन्द्रजीत भालेराव—*तथास्तु, बाप-बेटा*, भगवान धांडे—*घर, अन्नदाता किसान मेरा*, ऋषिकेश कांबळे—*चिरन्तन दुःख का सनातन रिश्ता, महामानव*, श्रीकान्त देशमुख—*गाँव-गाँव का आसमान, वे नहीं करते है बात*, उर्मिला चाकुरकर—*पत्थर का भगवान होते समय, पांडुरंग प्रसन्न होता है*, केशव देशमुख—*ढाल, मिट्टी का गाना*, प्रभाकर शेळके—*इस मानवता के द्वीप पर, देह हृदय का मन्दिर साँस उसमें परमेश्वर*, श्रीधर नांदेडकर—*भूमिका, वायलिन* दासु वैद्य—*राजघाट, सुनता रहता हूँ*, प्रिया धारूरकर—*बिना नमक, जादूगर*, श्रीकान्त उमरीकर—*दरवाजा तो खोलो जरा, द्वीपों का मन्दिर*, संजीवनी तडेगावकर—*सहज मातृत्व, कालवड (बछिया)*, पी. विठ्ठल—*मिट्टी की तरह पवित्र होना, पटकथा*, संध्या रंगारी—*नौ महीने के लिए, बचपन से ही आँचल में छिपाया*, विनायक पवार—*बेटी, पग चिह्न*, पृथ्वीराज तौर—*सीता, बादलों जैसे शब्दों के अर्थ*, हबीब भंडारे—*सकीना बेग़म और जवानी से भरी रात, गरीबी से ग्रस्त कर्म का भाष्य*, वी.रा. राठौड़—*मैं रोटी तलाशता हूँ तुम गीत गुनगुनाती रहना, लहू रिसते सलीब की टीस* और विश्वाधार देशमुख—*जिसकी कोख से जन्म होता है, माँ होती है झूले का बल* आदि कविताओं का समावेश किया गया है। इसमें के अधिकतर कवि, कवि होने के साथ-साथ आलोचक, अनुवादक, सिनेमा के सुप्रसिद्ध गीतकार तथा मंचीय कवि के रूप में ख्याति प्राप्त हैं।

इस प्रश्न-पत्र के माध्यम से छात्रों को 'समकालीन मराठी कविता का विकास क्रम' और 'मराठवाड़ा की समकालीन मराठी अनूदित कविता : अतीत और वर्तमान' इसके सन्दर्भ में भी जानकारी मिले, इसलिए मराठी के सुप्रसिद्ध कवि, अनुवाद और आलोचक डॉ. श्रीधर नांदेडकर तथा डॉ. पृथ्वीराज तौर द्वारा मूल मराठी भाषा में लिखित शोध आलेखों का हिन्दी अनुवाद भी प्रस्तुत पाठ्य-पुस्तक में दिया गया है।

प्रस्तुत पाठ्य-पुस्तक अनूदित होने के कारण इसके प्रस्तुतीकरण में अनुवादकों की भूमिका भी अत्यन्त महत्त्वपूर्ण रही है। कवि की अनुमति से इन अनुवादकों द्वारा की गई अनूदित कविताएँ सीधे इस पाठ्य-पुस्तक में ली गई हैं। इन सबके प्रति भी मैं अध्ययन मंडल की ओर से सहृदयता से कृतज्ञता ज्ञापित करता हूँ।

आशा है कि प्रस्तुत पाठ्य-पुस्तक छात्रों, अध्यापकों तथा सुधी पाठकों की आशाओं पर खरी उतरेगी। इसे बनाने का श्रेय किसी एक को नहीं बल्कि अध्ययन मंडल के सभी सम्मानित सदस्यों को जाता है। अत: पाठ्य-पुस्तक को लेकर आपकी सकारात्मक-नकारात्मक जो भी प्रतिक्रिया हो, उसे अध्ययन मंडल को प्रेषित कर सहयोग प्रदान करें।

धन्यवाद सहित!

सुनील बाबुराव कुलकर्णी
देशगव्हाणकर
प्रोफेसर एवं हिन्दी विभागाध्यक्ष,
कबचौउमवि, जळगांव

समकालीन मराठी कविता : विकासात्मक परिचय

प्राक्कथन

1980 के दशक में अपनी अलग पहचान बनाकर 90 के दशक में स्थिर होने वाली और आने वाले दशकों में नव कवियों का पथ प्रदर्शक बनने वाली तीन दशकों की मराठी कवियों की कविताओं का प्रातिनिधिक परिचय कराने के उद्देश्य से इस साहित्यिक उपक्रम की रचना की गई है।

प्रस्तुत उपक्रम में इस काल में आकार लेने वाले नये सामाजिक, आर्थिक, राजकीय, सांस्कृतिक एवं साहित्यिक परिवेश के माध्यम से मराठी कविता में आए नव प्रवाहों पर संक्षिप्त रूप में प्रकाश डालते हुए हिन्दी भाषिक विद्यार्थियों को मराठी कविता का परिचय कराने का प्रयास इस विषय पत्रिका का प्रमुख उद्देश्य रहा है।

इस दृष्टि से कविता का सृजन करने वाले पिछले तीन दशकों में मराठी कवियों की संख्या विशेष लक्षणीय है। ये कवि महाराष्ट्र के कोने-कोने में व्याप्त हैं। ग्रामों से शहरों तक में निवास करने वाले ये कवि अपने परिवेश की सुगंध को कायम रख कविताएँ लिख रहे हैं।

इन सब तत्त्वों को विशिष्ट पृष्ठ मर्यादा के अन्तर्गत रखकर और चयनित कवियों की संख्या की सीमा का पालन कर सम्पादकीय कार्य करना अत्यन्त कठिन कार्य है। जिन कवियों की कविताओं को किसी कारणवश इस संकलन में शामिल नहीं किया जा सका है वे कवि मित्र हमारी सम्पादकीय कठिनाइयों को समझने का प्रयास करेंगे ऐसी अपेक्षा है।

स्वातंत्र्योत्तर कविता की पृष्ठभूमि

मराठी कविता की 600 वर्ष की दीर्घ इतिहास परम्परा है। हर काव्य प्रवाह में उत्थान, ठहराव और अवसान के बाद पुनरुत्थान यह कालक्रम निरन्तर चलता रहता है। मध्यकाल में भक्ति परम्परा के माध्यम से निर्मित हुआ श्रेष्ठ संत काव्य मराठी

कविता का महत्त्वपूर्ण उत्थान पर्व रहा है। इसके बाद आने वाला लम्बा समय मराठी कविता की दृष्टि से अकालग्रस्तता का काल रहा। अभावग्रस्तता के इस काल के पश्चात् मराठी कविता के स्वतंत्रता पूर्व काल में आत्मसम्मान की भावना जागृत करने के लिए केशवसुत की भूमिका अत्यन्त महत्त्वपूर्ण रही है। सांस्कृतिक सम्पर्क के माध्यम से निर्माण प्रश्नों को केन्द्र में रखकर व्यक्ति केन्द्रित भावना तथा मानव केन्द्रित भावना का बहुलक्षीय समन्वय करने का संघर्षमय प्रयास उन्होंने अपनी कविता के माध्यम से किया।

केशवसुत के बाद मराठी काव्य प्रवाह में अपनी विशेष पहचान निर्माण करने वाले कवियों के रूप में ना.वा. तिलक, चन्द्रशेखर, बी. रघुनाथ, भा.रा. तांबे, गोविन्दाग्रज, बालकवि जैसे नामों का उल्लेख करना भी महत्त्वपूर्ण लगता है।

इसके बाद के काल में माधव जूलियन के नेतृत्व में रवि किरण मंडल के कवियों ने मराठी कविता के प्रवाह में अपनी विशेष छवि निर्माण की है परन्तु इस पीढ़ी के प्रभाव में लिखने वाले निम्नांकित कवियों ने रोमांटिसिज्म का अत्याधिक भाव विवशता की ओर झुकने वाला तथा अत्यन्त व्यक्तिगत अभिव्यक्ति के स्वरूप को पाठकों के समक्ष रखा है। इसके बाद का काल यह सांकेतिक शरण तथा ठहराव को दर्शाता है।

स्वातंत्र्योत्तर कविता का स्वरूप

1920 से 1945 का काल एक अर्थ में थोपे गए रोमांटिसिज्म के कारण अवनति के काल के रूप में जाना जाता है। इस सांकेतिक शरणागतता तथा उसके कारण निर्मित तत्कालीन परिस्थिति को पहला आघात बा.सी. मर्ढेकर ने दिया।

दो महायुद्धों की विभीषिका के कारण पहले ही दुनिया सदमे की अवस्था में थी। विभाजन के बाद का भारत, औद्योगीकरण के कारण महानगरों में आ रही अमानवीयता के कारण उभरने वाली सम्भ्रमावस्था को बा.सी. मर्ढेकर ने अपनी कविताओं के माध्यम से वाणी दी। उनकी कविताओं ने मानो मराठी कविता का रुख मोड़ दिया। आधुनिकीकरण के बदलावों को अपनी कविताओं के माध्यम से अभिव्यक्त करने का आपने सफल प्रयास किया। महानगरीय परिवेश की पैरवी करने वाले कुछ कवियों ने परम्परागत मूल्य प्रणाली को नकारना चाहा। मानवी जीवन निरर्थक है, उसका कोई केन्द्र नहीं है, हमारे हिस्से आने वाला वास्तव सन्दिग्ध है, विघटित है वह केन्द्रहीन है, इन विचारों से अभिव्यक्त होने वाली नई कविता का आकलन तत्कालीन व्हाइट कॉलर वाले नौकरीपेशा लोगों पर निर्भर होने से यह और मुश्किल बन गया। नौकरीपेशा लोगों के इस कविता का मुख्य वाचक वर्ग होने से उन्होंने इस कविता को आसानी से स्वीकृत नहीं किया।

स्वातंत्र्योत्तर काल के पहले दशक की कविताओं को नई कविता कहा जाता है। इस काल में बा.सी. मर्ढेकर और वि.दा. करन्दीकर की कविताओं में परिवेश के इर्द-गिर्द घूमती हुई कविताओं की परिपाटी पर चलने वाली कविताओं के सृजन का प्रयास दिखाई देता है। कई दशकों से चली आ रही सपाट वास्तविकता को आघात पहुँचने के कारण ही अस्तित्व की विघटनशील अवस्था, द्वन्द्वावस्था, संवाद शून्यता जैसे आशय सूत्रों से कविता में आधुनिक काव्य संवेदनशीलता प्रकट होने लगी। ये आशय सूत्र अपने परिवेश की दाहकता को अभिव्यक्ति देने वाले थे। हमारे हिस्से आने वाले वास्तव को तीव्र उपहास के द्वारा विडम्बनापूर्ण रूप में व्यक्त करने वाले और वास्तव को समझदारी से स्वीकृत करने वाले थे। इस प्रकार विविध रूपों में अभिव्यक्त होती यह कविता हमें दिखाई देती है। अलग-अलग प्रवृत्ति के कवियों ने अपनी आत्माभिव्यक्ति के लिए भी अलग-अलग तरीके अपनाए। इसके कारण स्वातंत्र्योत्तर कविता प्रयोगशीलता की ओर झुकने लगी। कविता के भाषा एवं स्वरूप के सम्बन्ध में सजगता इस काल में प्रभावी रही। व्यक्तिगत प्रभाव के कारण व्यामिश्र अनुभवों के कारण इस कविता में संगतहीनता तथा दुर्बोधता भी प्रत्यक्ष दिखाई देने लगी। लेकिन ऐसा होकर भी स्वातंत्र्योत्तर मराठी कविता का आशय भाषा एवं रूप सभी मानदंडों पर विविधतापूर्ण दिखाई देती है।

स्वतंत्रता के बाद में एक-दो दशकों में निर्माण होने वाले आधुनिक भावना प्रवण साहित्य ने मराठी नव कविता की नींव रखने का कार्य किया। उसके बाद के दो दशकों में मराठी कविता में साठोत्तरी कविता का भी योगदान महत्त्वपूर्ण रहा है।

1960 के बाद के कविता का स्वरूप

बा.सी. मर्ढेकर एवं वि.दा. करन्दीकर ने मराठी कविता को नया मार्ग दिखलाने का कार्य किया। मर्ढेकर ने की चुनिन्दा लेकिन दिशादर्शक काव्य निर्मिति के कारण अपना विशेष स्थान निर्माण किया। केशवगुत के बाद उन्हें ही युग प्रवर्तक कवि माना गया है। ऐसा होने पर भी समकालीन कवियों में कुसुमाग्रज, वा.रा. कान्त, बा.भ. बोरकर, मंगेश पाडगावकर, बापट इन कवियों ने भी स्वातंत्र्योत्तर कविता में अपना महत्त्वपूर्ण योगदान दिया है इसे भी स्वीकार करना पड़ेगा।

पु.शी. रेगे, सदानन्द रेगे इन कवियों ने मराठी कविता में अपनी अलग पहचान बनाई है। मर्ढेकर के बाद इस मध्यवर्ती काव्यप्रवाह में महत्त्वपूर्ण योगदान देने वाले कवियों में शरतचन्द्र मुक्तिबोध का नाम सबसे पहले लेना पड़ेगा। साम्यवादी विचारधारा के प्रभाव के माध्यम से काव्य निर्मिति करने वाले कवि के रूप में उनकी पहचान है। श्रमजीवियों के शोषण के विरुद्ध आवाज उठाना और उनके

अधिकारों के लिए लोगों में सहानुभूति का भाव जगाना उनका प्रमुख कार्य रहा। इस वर्ग का उल्लेख किए बिना मराठी कविता की ऐतिहासिक संरचना पूर्ण नहीं हो सकती।

मराठी कविताएँ भले एक ही काल में क्यों ना लिखी गई हों लेकिन इस काल ने सृजन करने वाले अधिकांश कवि विभिन्न प्रवृत्तियों के है यह भी बताना यहाँ आवश्यक है।

लेकिन 1960 के बाद लघु पत्रिका आन्दोलन के माध्यम से उभरकर आने वाली नव कवियों की पीढ़ी ने अत्यन्त अल्प काल में ही इस प्रवाह के केन्द्र में अपना स्थान निर्माण कर लिया। 1960 के आसपास लिखने वाले कवियों में अरुण कोलटकर, दिलीप चित्रे, नारायण सुर्वे, भालचन्द्र नेमाड़े, मनोहर ओक, वसंत गुर्जर, सतीश कलसेकर, तुलसी परब, वसंत डहाके, चन्द्रकान्त पाटील और नामदेव ढसाल जैसे कवियों ने लघु पत्रिकाओं के माध्यम से अपनी स्वतंत्र पहचान बनाकर मराठी कविता के केन्द्र में अपना स्थान निर्माण कर लिया है।

इन कवियों ने परम्परागत रीति, रूढ़ अचेतन कविता को नकार कर मराठी कविता में नव चैतन्य का संचार किया। उसे आधुनिकतम, नवीनतम तथा समकालीन परिस्थिति से जोड़ने का कार्य किया। इन कविताओं के माध्यम से परम्परागत मूल्यों को ढूँढ़कर उनसे अपना अन्त:सम्बन्ध प्रस्थापित कर प्रत्यक्ष जीवनानुभवों को इसके माध्यम से नई भाषिक क्षमताओं के द्वारा समकालीन वास्तविकता का बोध कराने वाली ये कविताएँ आश्चर्यकारक रूप में यशस्वी रहीं। परम्परावादी काव्य परम्परा के विरुद्ध विद्रोह करने वाली इस पीढ़ी में संत परम्परा को अधिक प्रश्रय दिया। इसी कारण उसने अपना सम्बन्ध समग्र मराठी कविता की देशीय परम्परा के उद्‌गम केन्द्र से ही जोड़ लिया। संत कविता के साथ ही लोकगीत परम्परा को भी इन्होंने पूर्व संचित मूल्य के केन्द्र में रखना उचित समझा और उसे अपनी कविता में स्वीकृत किया। अपनी जड़ों से सीधा सम्बन्ध बताने वाली, भाषा सामर्थ्य का परिचय कराने वाली उत्कट एवं अपार मानवीय करुणा की अनुभूति करने वाली, जीवन पर श्रद्धा रखने वाली और उसी के साथ अमानवीकरण का भयावह दर्शन करने वाली बहुआयामी कविता मराठी काव्य परम्परा में रची गई।

1980 के बाद की मराठी कविता का स्वरूप

1960 के बाद नव शिक्षक दलित-वंचित समाज की नई पीढ़ी ने इस परम्परागत शोषण को नकारते हुए, दरिद्रता से संघर्ष कर आंबेडकरी विचारधारा को केन्द्र में रखकर अपनी सृजनशीलता के माध्यम से तीव्र रूप में विद्रोह और आत्माभिव्यक्ति को प्रकट किया। नव शिक्षित समाज द्वारा अभिव्यक्त किया गया आत्मसम्मान

मध्यवर्गीय समाज के संरक्षित भावविश्व को हिलाने वाला साबित हुआ। एक ही समय में विभिन्न साहित्य प्रकारों के माध्यम से होने वाले इन आघातों के माध्यम से मराठी साहित्य जगत अन्तर-बाह्य रूप से परिवर्तित हुआ।

दलित साहित्य आन्दोलन ने मराठी साहित्य में दबे-कुचले, अभावग्रस्त, शोषित एवं आत्मसम्मान खो चुके एक बड़े वर्ग के भयावह जीवन का दर्शन पाठकों को करवाया। इस आन्दोलन ने मराठी साहित्य में आमूलाग्र परिवर्तन कराएँ।

इस आन्दोलन के माध्यम से 80 के दशक में प्रमुख रहने वाले और 1990 के दशक में स्थिर होने वाले महत्त्वपूर्ण कवि के रूप में अरुण काळे का विशेष रूप से उल्लेख करना होगा। इसी काल में आदिवासी कविता नें भी नव चेतना का संचार हुआ। जिसने भी मराठी साहित्य में महत्त्वपूर्ण योगदान दिया है उसके प्रमुख कवि के रूप में भुजंग मेश्राम का सम्मानपूर्वक उल्लेख करना भी आवश्यक है। इसी प्रकार किसी भी स्वतंत्र प्रवाह का भाग न बनने वाले अनेक कवि 1980 के दशक में अपनी स्वतंत्र पहचान निर्माण करने में भी यशस्वी रहे हैं। इसमें प्रमुखता से नारायण कुलकर्णी कवठेकर, हेमन्त जोगलेकर, अनुराधा पाटील, प्रभा गानोरकर, रजनी परुलेकर, निरंजन उजगरे, भ.मा. परसवले और फ.मु. शिंदे इनका नाम लिया जा सकता है। इन सब कवियों ने अपने समयानुकूल परिवेश को सँजोया है। इनके अनुभव में सच्चाई है और परिवेशगत सामाजिक वास्तव को व्यक्त करने वाला वास्तववादी, मार्क्सवादी, अस्तित्ववादी तथा सौन्दर्यवादी दृष्टिकोण विविध रूपों में हमारे समक्ष इनकी कविताओं में प्रभावी रूप में व्यक्त होता जान पड़ता है।

1980 के बाद की कविता विविध काव्य प्रवृत्तियों का स्वरूप हमारे सामने रखती है। सच कहें तो 80 के दशक के बाद की कविताएँ 1960 के बाद काव्य के विकसित रूप को ही दर्शाती हैं। आशय एवं अभिव्यक्ति के वास्तव को दर्शाने वाली ये कविताएँ रहीं।

मानवी जीवन की उलझन को सुलझाना इस कविता का प्रधान ध्येय रहा होगा यह मान्य करें तो हर हाल में मनुष्य जीवन की विसंगतियों को कवि ने अपने मनो व्यापार के द्वारा अभिव्यक्त करने का प्रयास हमेशा किया है। इस उलझन को जीवन अनुभव के द्वारा कवि अपनी सृजनशीलता के माध्यम से रूपान्तरित कर प्रस्तुत करता है। अगले दशक में यह उलझन और अधिक बढ़ती हुई दिखाई देती है।

वैश्वीकरण के परिप्रेक्ष्य में 1990 के बाद की कविताएँ

1990 के बाद की महत्त्वपूर्ण घटनाओं के बारे में बात करें तो, 1990 के बाद रशिया का विभाजन हुआ, जग दो गुटों में बँट गया। अमेरिका को वैश्विक

महासत्ता होने का अहंकार निर्माण हुआ, सारी दुनिया में साम्यवादी राष्ट्रों को इस स्पर्धा में पीछे हटना पड़ा। पूँजीवादी अर्थव्यवस्था को अपना कार्यक्षेत्र विस्तार करने के लिए दुनिया में चारों दिशाएँ खुली हो गईं। वैश्वीकरण ऐसी ही राजनीतिक परिस्थिति की ही देन है। जब तक अमीर राष्ट्र और गरीब राष्ट्र यह फर्क रहेगा तब तक विषमता के आधार पर वैश्वीकरण के नकारात्मक परिणाम गरीब राष्ट्रों को सिर झुका कर सहने पड़ेंगे। सरल शब्दों में कहें तो गरीबों का शोषण करने वाली ही यह एक दिनोदिन प्रबल होने वाली व्यवस्था है। सच कहें तो वैश्वीकरण हो रहा है केवल एकाधिकार युक्त पूँजी का, निवेश का, संचय का, उत्पादन का, उपभोग एवं व्यापार का। वैश्वीकरण श्रम एवं श्रमिकों का नहीं हो रहा है। सन्तुलन की प्रक्रिया केवल सपनों में ही साकार हो सकती है। दुनिया और समाज में आर्थिक अन्तर बढ़ता जा रहा है। अधिकांश जनता को गम्भीर सामाजिक, आर्थिक एवं प्राकृतिक विपदाओं के विषम परिणामों का सामना करना पड़ रहा है। वैश्वीकरण अन्तर्विरोध से व्याप्त वास्तव है। मॉल बनाम ग्राम, सुपर स्पेशलिटी हॉस्पिटल बनाम खँडहरनुमा प्राथमिक चिकित्सा केन्द्र, अन्तर्राष्ट्रीय विद्यालय बनाम सरकारी प्राथमिक विद्यालय, जैसे उदाहरणों के माध्यम से इन परिणामों को समझा जा सकता है। वैश्वीकरण के कारण अनेक देशों में आर्थिक अस्थिरंता, सामाजिक असुरक्षा और सर्वांगीण दुरावस्था का ही विध्वंस दिखाई दे रहा है। यह बदलाव शान्तिपूर्ण जीवन के लिए हितकारी हो ही नहीं सकता। ऊपरोक्त पार्श्वभूमि के द्वारा ग्रामों, छोटे शहरों, महानगरों की रचना में आमूलाग्र बदलाव हो रहे हैं। टी.वी., केबल टी.वी., मोबाइल फोन, कम्प्यूटर, साइबर कैफे, विज्ञापन विश्व और आधुनिक जीवन शैली में भी आमूलाग्र परिवर्तन हो रहा है। 1990 से 2010 का यह काल अस्वस्थता और अशान्ति का काल कहा जा सकता है। इसके साथ ही राजनीतिक, सामाजिक, आर्थिक, सांस्कृतिक एवं प्राकृतिक बदलाव के चलते समाज पर भी इसका व्यापक प्रभाव होता दिखाई दे रहा है।

1990 के बाद की कविताओं पर वैश्वीकरण का परिणाम

वैश्वीकरण के कारण होने वाले बदलावों का अप्रत्यक्ष प्रभाव 1990 के बाद की कविताओं पर रहा है। इस काल के कवियों पर आसपास के परिवेश, राजनीतिक, सामाजिक, आर्थिक, सांस्कृतिक तथा भाषिक पर्यावरण का प्रभाव होता है। उसका उनके जीवन पर भी गहरा प्रभाव हमेशा होता है। दूसरी ओर उन पर साहित्यिक संस्कार भी होते रहते हैं। 1990 की बाद की कविताओं पर विचार करें तो इस कारण परिवेशगत वास्तविकताओं का वैविध्यपूर्ण और चिन्तनात्मक विश्लेषण

इसमें प्रतिबिम्बित होता दिखाई देता है। मार्क्सवाद, देशीयवाद, आधुनिकतावाद, उत्तर आधुनिकतावाद ऐसी भिन्न-भिन्न विचार प्रणालियों के प्रभाव से इस काल की कविता ने कवि की सृजनशीलता के माध्यम से आकार लिया है। समाज के सभी स्तरों से इसकी अभिव्यक्ति होती जान पड़ती है। 1980 और 90 के दशक में ग्रामीण साहित्य, दलित साहित्य, स्त्रीवादी साहित्य, आदिवासी कविता आदि नव प्रवाह भी निर्माण हुए हैं।

वैश्वीकरण के बाद के इन परिवर्तनों को 1990 के बाद के कवियों ने समझा है। इस वैश्विक सम्भ्रम अवस्था को इन कवियों ने अपनी कविताओं के माध्यम से व्यक्त किया है। वास्तव और आभासी वास्तव का मिश्रण ही इनकी कविताओं में निर्माण होता दिखाई देता है। इन कविताओं में आधुनिकता और बहु सांस्कृतिक परिवेश का स्वर निश्चित रूप में चित्रित करने में ये कवि सफल होते दिखाई देते हैं।

माना जाता है कि कविता वास्तव की पुनर्रचना होती है। इस विचार को स्वीकार करें तो 1990 के बाद की कविताओं में इसके अनेक सबूत हमें दिखाई देते हैं। भाषा एवं संस्कृति के समन्वय से निर्माण होने वाली नई मूल्य व्यवस्था वैश्वीकरण के बाद मानवीय समाज को विकसित करने के बजाय उसी व्यवस्था के अस्तित्व को सीमित कर देना चाहती है। समतलता की परिस्थिति वैश्वीकरण के बाद और अधिक तीव्र होती जान पड़ती है।

इन बदलावों के चलते हमारे पास ऐसी कोई मूल्य व्यवस्था नहीं है जिसके द्वारा इस गतिशील जगत को आधार बनाया जा सके। इसलिए व्यक्तिगत स्तर पर जीवन में जो आमूलाग्र परिवर्तन हो रहे हैं उसका परिणाम 1990 के बाद की अनेक कवियों की कविताओं में हमें देखने को मिलता है। वैश्वीकरण के इस काल में विश्राम का प्रश्न निर्माण हो रहा है। महानगरीय परिवेश में अपनी भावनाओं का ज्ञान होने वाले ये कवि इस परिस्थिति का सामना कर रहे हैं। इसीलिए उनकी कविताओं में भाषीय तथा आशय स्तर गर जटिलता दिखाई देती है।

वैश्वीकरण के कारण सामाजिक विषमता भी निर्माण हो रही है इसका भार सहन न होने के कारण महाराष्ट्र में दरिद्रता और कर्ज के बोझ के तले दबे किसानों को आत्महत्याएँ करनी पड़ रही हैं। आत्महत्याओं का प्रयास सामुदायिक लगे इतनी बड़ी संख्या में यह प्रश्न निर्माण हो रहा है। आए दिन हम विभिन्न क्षेत्रों के गरीब किसानों की आत्महत्याओं की खबरों को सुन रहे हैं। इस विषम सामाजिक वास्तव का परिणाम 1990 के बाद की ग्रामीण कविताओं में अभिव्यक्त होता दिखाई देता है। मानवी जीवन में घटित होने वाली विसंगतियों का भी चित्रण इन कविताओं में हमें दिखाई देता है।

व्यक्तिगत तथा सामूहिक स्तर पर जीवन में निर्माण होने वाले कोलाहल को ये कविताएँ व्यक्त करती है। संस्कृति के विकृतीकरण के माध्यम से समाज में आया दोहरापन चित्रित करने का प्रयास इन कवियों ने किया है। नए मूल्यों के कारण मानवीय सम्बन्धों पर होने वाले विपरीत परिणाम को 1990 के बाद की कविताओं में इन कवियों का समाज के समक्ष रखने का प्रयास किया हुआ दिखाई देता है। वैश्वीकरण के परिप्रेक्ष्य में भावनात्मक स्वरूप में प्रतिक्रियावादी कविता का भी सृजन इस काल में हुआ है।

समग्रता 1990 के बाद की कविताओं में वैश्वीकरण के दूरगामी प्रभाव को देखा जा सकता है। इस प्रभाव से कोई भी अछूता नहीं रहा है। कुछ कवियों ने तो वैश्वीकरण की विभीषिका पर तीव्र प्रतिक्रिया दी है तो कुछ ने व्यक्तिगत स्तर पर अप्रत्यक्ष रूप से अपने अनुभव को अभिव्यक्त करने का प्रयास किया है।

1990 के बाद की मराठी कविताओं का स्वरूप

1990 के बाद के दो दशकों की कविताओं का स्वरूप सामाजिक-सांस्कृतिक जीवन के अन्तर्विरोध तथा विसंगतियों का आविष्करण करने वाला है। यह आविष्करण कहीं भावात्मक स्तर पर तो कहीं उपहासात्मक शैली में अभिव्यक्त होता जान पड़ता है।

अपना सामाजिक वास्तव अप्रत्यक्ष रूप में अभिव्यक्त करने वाले 1990 के बाद के प्रमुख कवियों में प्रफुल्ल शिलेदार, गणेश विसपुते, सन्तोष पवार, प्रकाश किनगावकर, प्रकाश होलकर, दिनकर मनकर, अविनाश गायकवाड़ तथा दासू वैद्य का योगदान विशेष उल्लेखनीय है।

ग्रामीण वास्तव का बोध लेने वाला यह साहित्य ग्रामीण परिवेश के प्रश्न एवं समस्याओं को हल करने का प्रयास करता है। इस विचार से कविता रचने वाले कवियों में श्रीकान्त देशमुख, इन्द्रजीत भालेराव, प्रकाश किनगावकर, कल्पना दुधाल, ऐश्वर्या पाटेकर और रवि कोर्डे की कविताओं में कृषि संस्कृति के संघर्षों तथा इनमें अभिव्यक्त सृजनशीलता की भूमि पर प्रभावी रूप में व्यक्त होने वाली अन्तरमुखता पर प्रकाश डाला गया है।

आधुनिकता तथा थोड़ी-बहुत मात्रा में उत्तर आधुनिकतावाद की भी विशेषताओं को स्वीकार कर मुख्यतया मानवीय जीवन की अर्थशून्यता का आविष्कार करने वाले कवियों के रूप में सलील वाघ, हेमन्त दिवरे की कविताओं का प्रातिनिधिक रूप में विचार करना पड़ता है।

1990 के बाद की कविताओं के आशय सूत्रों पर विचार करें तो वैश्वीकरण के परिप्रेक्ष्य में निर्माण होने वाली सम्भ्रमावस्था को हल करने का असमर्थ प्रयास

करने वाले कवियों की कविताओं का भी हमें विचार करना होगा। इस मजबूरी और असहायता को अभिव्यक्त करने वाले कवियों में प्रवीण बांदेकर, वजेश सोलंकी, अजय कांडर, वीरधवल परब, अभय दाणि, पी. विठ्ठल इनका प्रमुखता से उल्लेख करना होगा।

वैश्विकीकरण का हर सम्भव रूप से विरोध करने वाली व्यवस्था में संघर्ष करने वाले कवियों में दलित और आदिवासी कवियों का तीव्र स्वर 1990 के बाद के मराठी कवियों तथा कवयित्रियों की कविताओं में प्रभावी रूप में प्राप्त होता है। इसमें अरुण काळे, भुजंग मेश्राम, प्रज्ञा दया पवार, लोकनाथ यशवन्त की कविताओं ने मराठी कविता में महत्त्वपूर्ण योगदान दिया है।

प्रखर स्त्रीवादी स्वर अभिव्यक्त करने वाली कवयित्रियों ने पुरुष सत्ता व्यवस्था के प्रति तीव्र विद्रोह व्यक्त किया है। वे पुरुष सत्ता को नकार कर अपने स्वत्व की अभिव्यक्ति करने के लिए अपने हक तथा व्यक्तिगत स्वतंत्रता का प्रखर उच्चार कर अपनी भावनात्मक अभिव्यक्ति को प्रभावी रूप में व्यक्त करती है। इन कवयित्रियों में कविता महाजन, प्रज्ञा दया पवार, ज्ञानदा और आजकल के दशक की नव कवयित्रियों जो अपनी अलग पहचान निर्माण कर रही हैं उनमें योगिनी सातारकर पांडे की कविताओं का विचार करना होगा।

महानगरों से दूर रहकर भी काव्य सापेक्ष समाज में स्थित संवेदना प्रकट करने वाले कवियों के रूप में अरुण काळे, दिनकर मनवर, रमेश इंगळे अत्रादकर, वीरधवल परब, पी. विट्ठल की कविताओं का हमें दर्शन होता है। इसके विरुद्ध महानगर के बाहर रहकर भी आत्मनिष्ठ संवेदना को कायम रखने वाले कवियों में दासू वैद्य, अविनाश साळापूरीकर, इन कवियों का समावेश करना पड़ता है।

इसके अलावा आत्मनिष्ठ भाव कविता से सम्बन्ध दर्शाने वाले, फिर भी नए युग के भाव बोध का समग्र विचार करने वाले गणेश विसपूते, श्रीधर नांदेडकर, कविता महाजन, अजय कोडर, अविनाश सालापूरीकर, इनकी कविताओं में समग्र मानवतावादी दृष्टिकोण अभिव्यक्त होता दिखाई देता है।

1990 के बाद की कविताओं में अभिव्यक्त होने वाले विभिन्न काव्य प्रवाहों तथा काव्य प्रवृत्तियों के द्वारा प्रातिनिधिक स्वरूप अभिव्यक्त होता जान पड़ता है। पिछले तीन दशकों में लिखी गई कविताओं पर विचार करें तो इसमें सम्भ्रमावस्था के साथ ही इस काल में विखंडित वास्तव पर टिप्पणी करने वाली विभिन्न काव्य प्रवाहों की भी प्रभावी रूप से मराठी कविता में अभिव्यक्ति होती रही है। वर्तमान दशक तक हमें यह दिखाई देता है कि हमारे आसपास के परिवेश तथा जीवन की अर्थशून्यता, असम्बद्धता, केन्द्रहीनता, न्यूनता, परात्मता, परायापन, विघटिता, सापेक्षता एवं स्थिरता आदि सबका शोर पिछले तीन दशकों की कविताओं में अधिकाधिक

तीव्रता से अभिव्यक्त होता रहा है। 1990 के बाद की कविताओं में तत्कालीन समस्याओं को अभिव्यक्त करने का प्रयास किया गया है। मराठी कविता के आगे आने वाले दशकों में लिखी गई या लिखी जाने वाली विभिन्न संघर्षमय कविताओं को ये कविताएँ प्रोत्साहित कर रही हैं। आगे आने वाली पीढ़ियों को भविष्य की चुनौतियों का सामना करने की शक्ति प्राप्त हो ऐसा यह कवि कार्य 1990 के बाद के कवियों ने निश्चित रूप से किया है।

मूल लेखक : श्रीधर नांदेडकर

अनुवाद : कोमल परदेशी

मराठवाड़ा की समकालीन मराठी अनूदित कविता अतीत और वर्तमान

[1]

मराठवाड़ा की ग्रंथ निर्माण प्रक्रिया की इतिहास परम्परा लगभग दो हजार वर्ष पुरानी है। सातवाहन राजा द्वारा लिखित 'गाथा सप्तशती' ईसा की पहली शताब्दी में लिखी गई है। गुणाढ्य द्वारा लिखित 'बृहतकथा' ग्रंथ भी इसी मराठवाड़ा की मिट्टी में गोदावरी नदी के तट पर लिखा गया।

सातवाहन राजा की कालावधि में मराठवाड़ा की यह भूमि सांस्कृतिक गतिविधियों का प्रमुख केन्द्र थी। विविध विचार-विमर्शों का भी यह केन्द्र रही है। अनेक कलाओं को इस गोदावरी नदी के तट ने आश्रय दिया और उसमें मौलिक उन्नति भी की है।

मध्ययुगीन कालावधि में तो इस प्रांत की भाषा साहित्य एवं वाङ्मय व्यवहार की भी प्रमुख भाषा थी। मराठी भाषा के अधिकतर महत्त्वपूर्ण लेखक, कवि इसी प्रांत की देन माने जाते हैं। मराठी भाषा के अद्यकवि मुकुन्दराज, प्रथम कवियत्री महादम्बा, संत नामदेव, संत ज्ञानेश्वर, निवृत्ति-सोपानदेव-मुक्ताबाई, संत गोरोबा कुम्हार, संत जनाबाई, संत एकनाथ, संत कवयित्री बहिणाबाई, समर्थ रामदास से लेकर वीरशैव पंथ के मन्मथस्वामी, लक्ष्मण महाराज इसी मराठवाड़ा की मिट्टी से उपजे हैं। इसके अलावा यादवों की राजधानी माने जाने वाले इस देवगिरी प्रांत में महानुभाव पंथी कवि नरेन्द्र ने 'रुक्मिणीस्वयंवर' का निर्माण इसी प्रदेश में किया। 'ना राजे हो, आमुचेया कविकूळा बोलू लागले' ऐसा राजा रामदेव राय को डंके की चोट पर कहने वाला यह महाकवि था। संत कविता की सभी काव्य प्रवृत्तियों में इसका लेखन कर इस प्रांत के कवियों ने मध्ययुगीन साहित्य में अपना भरसक योगदान दिया है। वारकरी, महानुभाव, नाथ, समर्थ, दत्त, जैन, वीरशैव, नागेश, आनन्द, सूफी आदि सम्प्रदायों के उन्नयन में और साहित्य निर्माण में मराठवाड़ा प्रांत का साहित्यिक योगदान प्रशंसनीय रहा है। इसके अतिरिक्त मध्ययुगीन पंडित और शाहिरी कविता में भी महत्त्वपूर्ण योगदान इस प्रांत के कवियों का रहा है। भास्कर भट्ट, बोरीकर, वामन पंडित, दासोपंत ऐसे न जाने और कितने नाम गिने जा सकते हैं।

दूसरी बात यह भी महत्त्वपूर्ण है कि मराठवाड़ा में जैसे विपुल मात्रा में विविधता से परिपूर्ण साहित्य निर्माण हुआ है, वैसे ही उसमें नई रचनाधर्मिता और आकृतिबन्द और नये आशय का प्रयोग निरन्तर रूप से किया गया है, यह बात भी ध्यान में रखने योग्य है। मराठवाड़ा की कविता हमेशा ही जीवन को समान्तर मानकर प्रवाहित होती रही है। आम आदमी का उत्थान सदैव उसके अभिव्यक्ति के केन्द्र में दिखाई देता है। कवियों का बहुभाषी होने की बात भी विशेष तौर पर सराहनीय मानी जा सकती है। मराठवाड़ा के अनेक कवियों ने मध्ययुगीन काल से ही मराठी के साथ-साथ हिन्दी और दक्खनी भाषा में भी काव्य निर्माण किया है। संत नामदेव द्वारा रचित काव्य इसका उत्तम उदाहरण बताया जा सकता है। गूरुग्रंथसाहिब इस सिख के पवित्र धार्मिक ग्रंथ में संत नामदेव जी की रचनाओं को सम्मेलित किया गया है। निवृत्ति नाथ का भी बैराग भाषा बोली में काव्य निर्माण किया हुआ दिखाई देता है। सूफी कवियों ने भी मराठी भाषा के अतिरिक्त दक्खनी भाषा में भी काव्य निर्माण किया है। पंडित कवियों का संस्कृत भाषा का प्रयोग एवं अभिजात काव्यग्रंथ निर्माण की रुचि हर एक शब्द में अनुभूत होती है।

प्राचीन एवं मध्ययुगीन काल की सभी साहित्यिक और वाङ्मयीन गतिविधियों को यदि देखा जाए तो यह बात ध्यान में आती है कि इस पूरी कालावधि में मराठवाड़ा यह मराठी भाषा संवर्धन का एवं साहित्य निर्माण का प्रमुख केन्द्र रहा है। मराठी भाषा का उन्नयन मूलतः इसी प्रांत ने किया है। किन्तु निजाम के काल में इस स्थिति में परिवर्तन हुआ। राज्यकर्ताओं के नीति के दुष्परिणाम स्वरूप मराठवाड़ा मराठी भाषा बोलने वाले अन्य प्रांतों से अलग हो गया। अ़ठारहवीं-उन्नीसवीं शताब्दी में जब मराठी भाषी अन्य प्रांतों में नव निर्माण के नित नये-नये प्रवाह प्रवाहित हो रहे थे, तब मराठवाड़ा उर्दू भाषा की शक्ति में बन्दी था। मराठी भाषा पर, मराठी भाषा के प्रयोग कर्ताओं पर अन्याय किया गया।

राज्य सत्ता के विरुद्ध का यह विद्रोह आगे बीसवीं शताब्दी में स्वतंत्रता संग्राम में परिवर्तित हो गया। निजाम शाह के विरुद्ध स्वतंत्रता संग्राम का एक अंग मराठी भाषा का भी था। बीसवीं शताब्दी में मराठवाड़ा साहित्य परिषद की स्थापना मूलतः मराठी भाषा के अधिकार प्राप्ति के कारण ही हुई। साहित्य, भाषिक संग्राम और स्वतंत्रता संग्राम सन् 1948 तक हाथ में हाथ लेकर निरन्तर चलता हुआ इस प्रदेश में दिखाई देता है।

[2]

सन् 1885 से हैदराबाद संस्थान से 'दक्षिण मित्र'—इस मासिक पत्रिका का प्रकाशन होने लगा। हैदराबाद संस्थान से प्रकाशित होने वाली यह पहली मासिक पत्रिका है।

इस मासिक पत्रिका में निजाम के कानून का मराठी अनुवाद प्रकाशित होने लगा। संस्थान में स्थित मराठी भाषा के सन्दर्भ जो आग्रही प्रयास शुरू हुए उस दृष्टि से

जैसी यह बात महत्त्वपूर्ण है उतनी ही वह अनुवाद के सन्दर्भ में भी महत्त्वपूर्ण मानी जाती है। इस पत्रिका में फारसी-मराठी भाषा के पर्यायी शब्द भी प्रकाशित होते थे। आगामी काल में 'संजीवनी' वैदिक धर्म सभा की मासिक पत्रिका का हैदराबाद से प्रकाशन होने लगा। इस पत्रिका में मुख्यतः पुराणों के मराठी अनुवाद प्रकाशित होते थे। दे.ल. महाजन इन्होंने 'मदर्स लव' अंग्रेजी कविता का 'मातृहृदय' शीर्षक से अनुवाद किया, विचार विकास मंडल संस्था ने सन् 1929 में प्रकाशित किया। इस कारण आधुनिक दलित साहित्य के अनुवाद का विधिवत् और सकारात्मक प्रारम्भ हुआ। दे.ल. महाजन ने अनुवाद का दोहरा कार्य किया।

उन्होंने जिस प्रकार उत्तमोत्तम कविता, ग्रंथों का जैसे मराठी में अनुवाद किया वैसे ही मराठी का साहित्य उन्होंने हिन्दी में भी अनूदित किया। इसके साथ ही महाजन ने और एक महत्त्वपूर्ण कार्य किया, वह यह कि अन्य के द्वारा किए अनुवाद ग्रंथ रूप में प्रकाशित किए। वसमत के शुकानन्द मठ के मठाधिपति बाबा महाराज उमरीकर ने इस कालावाधि में 'सुन्दरविलास दीपिका' और सेलु में स्थित रामचन्द्र काटे इन्होंने कवि भूषण के काव्य का मराठी अनुवाद किया। हिन्दी, अंग्रेजी, संस्कृत, उर्दू, फारसी इन भाषाओं के साथ-साथ दत्तात्रेय माधव कुलकर्णी ने बांग्ला भाषा का साहित्य भी इस कालावधि में सामान्य जनता को उपलब्ध करा दिया। उन्होंने विभा राजर्षि, अरुणोदय, पन्नाकुमारी, शान्तिनिकेतन इन बंगाली उपन्यासों का मराठी अनुवाद किया। लातुर के दत्तात्रेय वकील ने उर्दू-मराठी कोश का निर्माण कर मराठी भाषा के वैभव में चार चाँद लगा दिए। दादा साहब चौधरी वालुरकर ने संगीत शारदा मराठी नाटक का उर्दू में अनुवाद किया। निजाम प्रांतीय मराठी साहित्य का द्वितीय सम्मेलन 1943 में नांदेड़ में आयोजित किया गया था। "खींचों सभी को मराठी भाषा के पाश में खींचों और उसमें मजबूती से बाँध दो।" ऐसा ऐलान इस सम्मेलन में म.म. दत्तो वामन पोतदार ने किया था। पोतदार जी का यह ऐलान उस काल के परिप्रेक्ष्य में अत्यन्त महत्त्वपूर्ण था।

वा.रा. कान्त, भगवन्त देशमुख, चन्द्रशेखर कपाळे, श्री. रं. कुलकर्णी, तू.श. कुलकर्णी, त्रयंबक महाजन, इनकी बाद की पीढ़ी में चन्द्रकान्त पाटील, सूर्यनारायण रणसुभे, प्रदीप गोपाळ देशपांडे, कविता महाजन, अमृत देशमुख, भगवान क्षीरसागर, प्रकाश देशपांडे, भारत सासणे, बाबा भांड, रमेश राऊत, गणेश विसपुते, विशाल तायडे, मधुकर धर्मापुरीकर, रंगनाथ तिवारी, नितीन कोतापल्ले, विजय पाडळकर, सुरेश सावन्त, लीला शिंदे, एल.एस. देशपांडे, पृथ्वीराज तौर, पुरुषोत्तम देशमुख, संजय नवले, अनन्त उमरीकर, जयदेव डोळे, विश्वास वसेकर, इन्द्रजित भालेराव, दासू वैद्य, शारदा तुंगार, दिनकर बोरीकर, विजय दिवाण, यु.म. पठाण, छाया महाजन, मंगला वैष्णव, शीला रणसुभे, शैलजा वाडीकर, उमा देशमुख, शिवाजी

आंबुलगेकर, स्वाती काटे, सन्तोष भुमकर, रमेश दीक्षित, नानासाहेब गोरे, यूसुफ खान, वेदकुमार वेदालंकार, माधव सोनटक्के, कृष्णा किंबहुने, संजीव पाँचाळ, जैसे अनेक अनुवादकों की बहुत बड़ी संख्या मराठवाड़ा में दिखाई देती है। इसमें के अनेक अनुवादक स्वयं सृजनशील रचनाकार भी हैं। इनमें से अनेक अनुवादकों ने जैसे अन्य भाषाओं का साहित्य मराठी में संयोजित किया, वैसे ही मराठी का साहित्य अन्य भाषाओं में भी बहुत मात्रा में अनूदित किया। मराठी साहित्य के उन्नयन में अनुवादकों का योगदान स्पष्टत: रेखांकित करने जैसा है।

अन्य भाषा का साहित्य अनुवादकों ने जैसे मराठी में लाया वैसे ही मराठवाड़ा में स्थित लेखकों का साहित्य भी अन्य भाषा में पहुँचाया है। रा.रं. बोराड़े, प्र.ई. सोनकांबले, फ.मु. शिंदे, लक्ष्मण गायकवाड़, दत्ता भगत, ना.धो. महानोर, अनुराधा पाटील, भुजंगा मेश्राम, नागनाथ कोतापल्ले, श्रीधर नांदेडकर, भारत सासणे, जनार्दन वाघमारे, प्रल्हाद लुलेकर, अजीत दळवी, श्रीकान्त देशमुख, उत्तम अंभोरे इन मराठवाड़ा में स्थित लेखकों का लेखन अन्य भारतीय एवं पाश्चात्य भाषाओं में भी अनूदित हुआ है।

[3]

मराठवाड़ा में स्थित कवियों ने अपने साहित्य एवं शैली की एक स्वतंत्र मुहर मराठी साहित्य पर अंकित की है। नरहर कुरुंदकर, वा.रा. कान्त, लक्ष्मीकान्त तांबोळी, यू.म. पठान, गंगाधर पानतावणे, ना.धों. महानोर, रा.रं. बोराडे, प्र.ई. सोनकांबले, नागनाथ कोत्तापल्ले, प्रभाकर माँडे, भारत सासणे, लक्ष्मण गायकवाड़, सुहासिनी इर्लेकर, अनुराधा पाटील, जनार्दन वाघमारे, गजमल माळी, महावीर जोंधळे, रुस्तम अचल खांब, भास्कर चन्दनशिव, भुजंग मेश्राम, रेखा बैजल, दत्ता भगत, इन्द्रजीत भालेराव, रंगनाथ तिवारी, बाबू बिरादर, रावजी राठौड़, श्रीकान्त देशमुख ऐसे अनेक लेखक कवियों का उल्लेख इस सन्दर्भ में करना सहज सम्भव होगा। यह सूची और भी बढ़ाई जा सकती है। अनुसन्धान, साहित्य, आलोचना, कथा, कविता, उपन्यास, नाटक, बाल साहित्य इन विधाओं में इन कवियों का योगदान अत्यन्त महत्त्वपूर्ण है।

केवल काव्य विधा का ही विचार किया जाए तो मराठी कविता का विकास एवं विस्तार करने का श्रेय मराठवाड़ा में स्थित कवियों को जाता है। बी. रघुनाथ यह निजाम कालीन अत्यन्त महत्त्वपूर्ण कवि थे। उनके बाद वा.रा. कान्त का विशेष उल्लेख किया जा सकता है। विशेषत: साठ के बाद की मराठी कविता को सुहासिनी इर्लेकर, लक्ष्मीकान्त तांबोळी, ना.धों. महानोर, फ.मु. शिंदे, इन्होंने नई पहचान दिलाई है। अस्सी के दशक के बाद अनेक कवि सामने आए है। उन्होंने साठोत्तरीय संवेनाओं का विकास किया। ग्रामीण, दलित, आंबेडकरी, आदिवासी स्त्रीवादी, मुस्लिम इन विमर्शमूलक कविताओं का विकास मराठवाड़ा के कवियों

के कर कमलों से ही हुआ है। अनुराधा पाटील एवं भुजंग मेश्राम ये दो नाम इस कालावधि के विशेष उल्लेखनीय नाम हैं। मराठी कविता के नए पग चिह्न इन कवियों ने निर्माण किए हैं।

1990 के बाद की कविता का चेहरा वैश्वीकरण का चेहरा है। इन्द्रजीत भालेराव, श्रीकान्त देशमुख, दासू वैद्य, श्रीधर नांदेडकर, इसके बाद की कालावधि के कुछ महत्त्वपूर्ण नाम हैं। अभय दाणी, रवि कोरडे, अविनाश साळापूरीकर, बालाजी मदन इंगळे, संजय बालाघाटे, हबीब भंडारे इन्होंने इन कविताओं में अनेक नई-नई सम्भावनाओं को निर्माण किया है।

वैश्वीकरण की कविता ऐसा कहने पर भी 1990 के बाद की मराठवाड़ा की कविता का मुख्य चेहरा ग्रामीण कविता का ही रहा है। प्रतिमा, प्रतीक और अभिव्यक्ति के रचनात्मक स्तर भी वह ग्राम्य जीवन से अपने सम्बन्ध जोड़ती दिखाई देती है। मराठवाड़ा यह प्रांत इक्कीसवीं सदी के दूसरे दशक तक भी कृषि केन्द्रित ही रहा है। उद्योग संस्कृति का जाल अभी भी इस प्रांत में पर्याप्त मात्रा में नहीं बुना गया है। चरितार्थ और भरण-पोषण का आज भी एकमात्र साधन खेती और खेती पर आधारित छोटे-छोटे उद्योग हैं। शिक्षित होकर अर्थाजन करने वाली और खेती की निर्भरता के पाश को जरा-सा ढीला करने वाली नई पीढ़ी भी किसानी परिवार से ही आगे आई है, इस कारण कृषिकेन्द्रित व्यवस्था या ग्रामीण व्यवस्था इस पीढ़ी के चिन्तन को प्रभावित करती रही है। अन्तर्मन में स्थित विचारों के तूफान अलग-अलग रूपों में कविताओं में अभिव्यक्त होते दिखाई देते हैं। केशव देशमुख, प्रभाकर शेळके, प्रमोद माने, महेश मोरे, केशव खटिंग, चन्द्रशेखर मलकमपट्टे, ललित अधाने, सुनील बाबुराव कुलकर्णी देशगव्हाणकर, विश्वाधार देशमुख, विनायक येवले, जीजा शिंदे, रमेश चिल्ले इन कवियों की कविता इस दृष्टि से महत्त्वपूर्ण कही जा सकती है।

भारतरत्न डॉ. बाबासाहेब आंबेडकर जी का तत्त्वज्ञान समग्र क्रान्ति का तत्त्वज्ञान है। मानव मुक्ति के संग्राम को बल देने वाला और गौतम बुद्ध के शान्ति मार्ग की ओर लेकर जाने वाला यह तत्त्वज्ञान है। दलित साहित्य की पहली लहर समाप्त होने पर सामने आई पीढ़ी डॉ. आंबेडकर को नई पद्धति से प्रसारित करने की कोशिश कर रही है। ऋषिकेश कांबळे, उत्तम अंभोरे, प्रतिभा राज आनन्द, प्रकाश मोगले, संध्या रंगारी, भगवान धांडे, राजेन्द्र गणोरकर, बालाजी नागटिळक, इन्होंने अपनी कविताओं के माध्यम से इसी विचार का बीजारोपण किया हुआ है। विचार कविता, प्रत्यक्ष कृति को प्रेरणा देने वाली कविता इस दृष्टि से इन कवियों का उल्लेख करना अनिवार्य हो जाता है।

मराठवाड़ा ये हमेशा आन्दोलन की भूमि रहा है। अलग-अलग आन्दोलनों ने इस भू प्रदेश को निरन्तर प्रज्वलित रखा है। महात्मा फुले, राजर्षि शाहू महाराज

और डॉ. बाबा साहब आंबेडकर, इनके विचारों से मराठवाड़ा में स्थित सामाजिक आन्दोलन निरन्तर गतिमान हुए हैं। वैश्वीकरण के परिप्रेक्ष्य में प्रत्यक्ष रास्तों पर चलने वाले इन आन्दोलनों में पिछले एक-दो दशक से थोड़ी-बहुत शिथिलता आई हुई जरूर दिखाई देती है किन्तु फिर भी आन्दोलन से प्रसारित होने वाला विचार निरन्तर रूप से प्रवाहित हो रहा है। वी.रा. राठौड़, हबीब भंडारे, संजय बालाघाटे, विनायक पवार, मारोती कसाब, डी.के. शेख, शेख इकबाल मिन्ने, अक्षय घोरपड़े, बाळू दुगडूमवार शफी बोल्डेकर, रमेश रावळकर, कैलाश भाले, सुचिता खल्लाळ, तुकाराम खिल्लारे, सैयद अलाउद्दीन, आदिनाथ इंगोले, देवीदास सौदागर, इनकी कविताओं से यह विचार स्पष्टत: उजागर हुआ है।

वैश्वीकरण के दृश्य-अदृश्य दुष्परिणामों को सीधे शब्दों में अभिव्यक्त करने वाले और दिनभर के तान-तनाव से व्यक्ति के हिस्से में आने वाली असुरक्षा जबरदस्त पद्धति से प्रस्तुत करने वाले कवि पी. विठ्ठल का स्पष्ट उल्लेख करना आवश्यक है। मराठवाड़ा की समकालीन कविता में उनकी कविता की भिन्नता स्पष्टत: उजागर होती है वह किसी भी प्रकार के बाह्य विवादों में न घिरते हुए व्यक्ति मन में स्थित आन्तरिक कलह को और उसके एकाकी उद्धवस्त जीवन को प्रत्यक्ष साकार करते हैं।

देवीदास फुलारी, रेणु पाचपोर, मनोज बोरगावकर, प्रिया धारूरकर, प्रभाकर साळेगावकर, व्यंकटेश चौधरी, रंजन कंधारकर, उर्मिला चाकुरकर, तृप्ति अंधारे इनकी कविता सामाजिक संवेदनशीलता को व्यक्त करने वाली है। वह मुख्यत: स्वांत: सुखाय है, स्वयं का एक अनोखा भविष्य वह निर्माण करती है। समकालीनता को प्रत्युत्तर देते समय वह प्रतिक्रियावादी होना टालती है, यही उसकी मुख्य विशेषता कही जा सकती है।

[4]

मराठवाड़ा इस प्रांत का इतिहास, भूगोल और वर्तमान समझकर मराठवाड़ा में स्थित कवियों की कविताओं का वाचन यदि किया जाए तो ही उसका आकलन करना सम्भव हो पाएगा ऐसा मुझे लगता है। मराठवाड़ा की बहुसंख्य कविताएँ आज अनूदित होकर अन्य भाषाओं में जा रही हैं। उनका उस भाषा में अध्ययन अनुसन्धान हो रहा है। यह सकारात्मक घटना आने वाले दिनों में समकालीन मराठी कविता का भारतीय स्तर पर स्थान निश्चित करने में सहायक सिद्ध होगी ऐसी आशा करता हूँ।

मूल लेखक : पृथ्वीराज तौर

अनुवाद : सुनील बाबुराव कुलकर्णी देशगव्हाणकर

मराठवाड़ा के प्रमुख कवियों की प्रमुख चयनित कविताएँ

रेणु पाचपोर

रेणु जी का जन्म 14 अप्रैल, 1956 को महाराष्ट्र के परभणी जिले में स्थित चारठान नामक गाँव में हुआ। नूतन महाविद्यालय सेलू से बी.एस.सी की उपाधि प्राप्त करने के बाद वे बैंक ऑफ इंडिया में कार्यरत हुए। 34 वर्ष की सेवा के बाद अब उन्होंने अवकाश प्राप्त कर लिया है और अब वे पूर्णकालिक के रूप में साहित्य सृजन में व्यस्त रहते हैं। रेणु जी सम्पूर्ण महाराष्ट्र में एक मंचीय कवि के रूप में ख्यातनाम है। महाराष्ट्र तथा अन्य बाहरी राज्यों में आयोजित कई कवि सम्पेलनों में उन्होंने अपना काव्य पाठ किया है। अखिल भारतीय विद्यार्थी परिषद द्वारा महाविद्यालयीन छात्रों के लिए आयोजित किए जाने वाले प्रतिभा संगम विद्यार्थी साहित्य सम्मेलन से वे विगत पन्द्रह वर्षों से जुड़े रहे हैं।

रेणु जी के मराठी भाषा में लिखित अब तक पाँच काव्य संकलन प्रकाशित हैं। जिनमें डाळिंबाचे दाणे, अवथर, चाँद झूकला पाण्यात, घनगर्द एकान्ताचे गाणे आदि प्रमुख हैं।

कविता के अतिरिक्त रेणु जी के तीन ललित लेख संकलन जिनमें फुलांची ओंजळ, पाकळ्या और दिव्यांचे प्रहर प्रकाशित हैं। कविता और ललित लेख के साथ साथ रेणु जी की बाल साहित्य सृजन में भी विशेष रुचि रही है। बाल साहित्य से सम्बन्धित उनका एक उपन्यास 'एक हिरवगार वर्ष' तथा एक काव्य संकलन 'रिमझिम' भी प्रकाशित है।

रेणु जी के अब तक के साहित्यिक योगदान को ध्यान में रखकर उनको कई पुरस्कारों से भी गौरवान्वित किया गया है। जिनमें घनगर्द कविता संकलन हेतु पुणे कामगार साहित्य परिषद का गदिमा पुरस्कार, फुलांची ओंजळ इस ललित लेख संकलन हेतु महाराष्ट्र राज्य शासन का पुरस्कार (1985), एक हिरवा गार वर्ष इस बाल साहित्य हेतु महाराष्ट्र शासन का उत्कृष्ट साहित्य निर्माण पुरस्कार 2006, इसी पुस्तक हेतु अखिल भारतीय मराठी बालकुमार साहित्य संस्था, पुणे द्वारा दिया जाने वाला 'इन्दिरा जोशी' पुरस्कार, संगमनेर इतिहास अनुसन्धान मंडल द्वारा दिया जाने वाला कवी अनन्त फंदी पुरस्कार, भारत विद्यालय, बुलढाणा द्वारा दिया जाने वाला

शशिकला आगाशे पुरस्कार, वन्दना प्रकाशन, मुम्बई का आशीर्वाद पुरस्कार, अंकुर साहित्य परिषद, अकोला का अंकुर पुरस्कार, सार्वजनिक पुस्तकालय, शेवाळ द्वारा दिया जाने वाला चक्रधर स्वामी पुरस्कार, बालकुमार साहित्य प्रतिष्ठान, लातुर का नामदेवराव काळे पुरस्कार, खान्देश मराठी बालकुमार प्रतिष्ठान, जळगांव द्वारा दिया जाने वाला द.श. बडगुजर पुरस्कार ऐसे कुल मिलाकर नौ पुरस्कारों से सम्मानित किया गया है।

कविता का आशय

प्रस्तुत पाठ्य-पुस्तक में उनकी 'नदी' और 'बस कुछ कहना हुआ' इन दो कविताओं का समावेश किया गया है।

प्रथम कविता 'नदी' कविता में कवि ने जहाँ एक ओर नदी की त्रासदी को अभिव्यक्त किया है, वहीं दूसरी ओर उसके उपयोगिता मूल्य को भी उजागर करने का प्रयास किया है। प्राय: समाज में यह धारणा है कि ऋषि का कुल और नदी का मूल जानना बड़ा कठिन कार्य होता है। उस पर भाष्य करते हुए कवि ने एक ओर दिन-ब-दिन हो रही नदियों की दूरावस्था पर प्रकाश डालने का प्रयास किया है तो दूसरी ओर 'खेलो भाप की तरह समरस होकर' ऐसा कहकर उसकी तरह मानव को समरस होकर जीवन जीने की सलाह भी दी है।

दूसरी कविता 'सब कुछ कहना हुआ' एक प्रेम कविता है जिसमें कवि ने वृक्ष और नभ, तूफान और साँस, अन्धकार और तलहट, दीवार और उसका विनष्ट होना, आवाज का पत्थर होना और पंछी का इतिहास में लीन हो जाना, कविता और उसकी आशय घनता आदि प्रतीकों के माध्यम से अपनी बात अपनी प्रेयसी तक पहुँचाने की कोशश की है।

नदी

शरीर पर उसके न रहा है आँचल
आँखों पर धर हथेली
नहीं दिखाई देती उसे राह।
आँसुओं का विस्मरण हो जाए
कोख उसकी उतनी गरम
नहीं होता है उसका
ससुराल और मायका
सदियों से उसका
किनारों पर संसार।
बाँहें उसकी हैं विस्तीर्ण
मस्तक पर उसका हस्त स्पर्श
माथे पर उसका आशीर्वाद
यादों की पोटली
संग जीवन के।
वह कहती है अब जाओ
मस्तमौला होकर जहाँ जी चाहे
कहती है खेलो भाप की तरह समरस होकर
ले लो एक-दूसरे को कंधों पर
और समर्पित कर दो प्राण
जल पर तैरते हुए।
लेकिन मेरी एक बात सुनो
निरीह शान्ति में यदि आँख लग जाए तो
झकझोर कर मुझे मत जगाना।

अनुवाद : सुनील बाबुराव कुलकर्णी
देशगव्हाणकर

सब कुछ कहना हुआ

सब कुछ कहना हुआ
शेष तुम्हारी सुन्दर मूरत

निःशब्द पेड़ नभ ऊपर
मँडरा रहा था तिलमिलाकर

शान्त तूफान कम्पित प्रहर
फिर अन्तिम सांस पर

अन्धकार को चीरने की हट
डूबकर रसातल में मजबूत तट

दीवार बढ़ती हुई ऊपर गई
अन्दर ही अन्दर कुचली गई

आवाज तेरा पत्थर हुआ
पंछी इतिहास में लीन हुआ

होता नहीं कविता में सुधार
खत्म होता आशय शृंगार

घनी अँधेरी रात में
छोड़ दिया द्वीप नदी पात्र में

उसी दूशाली में तृप्त हो जाए
कोख में तुम्हारी पुकारती रह जाए

जाओ अभी वापस पीछे
राह देख रही होंगी आँखें बिछी।

अनुवाद : सुनील बाबुराव कुलकर्णी
देशगव्हाणकर

इन्द्रजीत भालेराव

इनका पूरा नाम इन्द्रजीत नारायणराव भालेराव है। इनका जन्म 05 फरवरी, 1962 को हिंगोली जिले के रिधोरा नामक गाँव में हुआ है। एम.ए., एम.फिल तक की शिक्षा पूर्ण करने के पश्चात् वे ज्ञानोपासक महाविद्यालय, परभणी, महाराष्ट्र में मराठी विषय के अध्यापक के रूप में कार्यरत हुए। स्नातकोत्तर स्तर पर सुवर्ण पदक प्राप्त इन्द्रजीत भालेराव अपने महाविद्यालयीन कार्यकाल से ही वाचन, लेखन और मंचीय कविता के प्रस्तुतीकरण में व्यस्त रहे हैं। अध्ययन, अध्यापन और अनुसन्धान में सक्रिय होने के अतिरिक्त वे देश-विदेश में अपनी मंचीय कविता के प्रस्तुतीकरण के लिए विशेष रूप से जाने-पहचाने जाते हैं।

अमेरिका के सॅन होजे शहर में आयोजित विश्व साहित्य सम्मेलन में भी आपने अपनी कविताओं का पाठ कर श्रोताओं को मंत्रमुग्ध किया है। महाराष्ट्र राज्य पाठ्य-पुस्तक निर्माण मंडल बालभारती, पुणे द्वारा प्रकाशित बालभारती तथा कुमारभारती पाठ्य-पुस्तकों में इनकी कविताओं का समावेश किया गया है। महाराष्ट्र के साथ-साथ कर्नाटक तथा गोवा राज्य के पाठ्यक्रम में भी इनके साहित्य का अन्तर्भाव दिखाई देता है।

साहित्य अकादमी, नई दिल्ली द्वारा इनकी कविताओं का हिन्दी तथा अंग्रेजी भाषाओं में अनुवाद किया गया है। अब तक इनके सम्पूर्ण साहित्य पर छह छात्रों ने अलग-अलग विश्वविद्यालय से पी-एच.डी. की उपाधि प्राप्त की है तथा सोलह छात्रों ने एम.फिल की उपाधि प्राप्त की है।

रचना परिचय :

इन्द्रजीत भालेराव के अब तक बारह काव्य संकलन प्रकाशित हुए हैं जिनमें पीक पाणी (1989), आम्ही काबाडाचे धनी (1992), दूर रहिला गाँव (1994), कुळंबिनीची कहानी (1996), रान मळ्याची वाट (1996), गावाकडं (1998), पेरा (2002), टाहो (2004), मुलुख माझा (2008), वेचलेल्या कविता (2009), भूमिचे मार्दव (2011) और सारे रान (2014) आदि प्रमुख हैं।

छह ललित लेखों के संकलन प्रकाशित हैं, जिनमें गाई घरा आल्या (1997), घरीदारी (2006), तिफन साज (2008), मळा (2009) और नाद (2011) आदि प्रमुख हैं।

पन्द्रह से अधिक अन्य साहित्य कृतियाँ प्रकाशित हैं, जिनमें समग्र बी. रघुनाथ (1995), भिंगुळवाणा (1996), उगवले नारायण (1996), बहिणाबाई चौधरी (1997), संत जनाबाई (1997), ताराबाई शिंदे (2003), गाऊ जिजाऊस आम्ही (2004), म-हाठवाडी (2009), प्रिय आबा (2009), लाल चिखल (2009), मळ्यातला अंगार (2010), कविता रूचलेली आणि सुचलेली (2011), लोक कहानी जनाबाईची (2012), कविता सावित्रीची (2013) और यशवन्तराव चव्हाण : सुसंस्कृत राजकारणाचे घराने (2013), आदि प्रमुख हैं। इसके अतिरिक्त तीन ध्वनि फित प्रकाशित हैं, जिनमें गाऊ जिजाऊस आम्ही, माझा बाप शेतकरी और मायबाई आदि प्रमुख हैं।

इन्द्रजीत भालेराव को उनके अब तक के साहित्यिक योगदान को ध्यान में रखकर प्रतिष्ठा प्राप्त अनेक पुरस्कारों से गौरवान्वित किया गया है, जिनमें महाराष्ट्र साहित्य परिषद पुणे ह.स. गोखले पुरस्कार (1989), कोपरगाँव के रोहमारे ट्रस्ट का ग्रामीण साहित्य पुरस्कार (1990), महाराष्ट्र राज्य साहित्य एवं सांस्कृतिक मंडल द्वारा दिया जाने वाला यशवन्तराव चव्हाण पुरस्कार (1991), मुम्बई मराठी ग्रंथ संग्रहालय का अनन्त काणेकर पुरस्कार (1992), पद्मश्री विखे ट्रस्ट, प्रवरानगर का प्रेरणा पुरस्कार (1993), साहित्य अकादमी, नई दिल्ली द्वारा दी जाने वाली यातायात फेलोशिप (1993), ललित लेखन हेतु महाराष्ट्र शासन द्वारा दिया जाने वाला वि.द. घाटे पुरस्कार (1997),. समग्र बी. रघुनाथ के उत्कृष्ट सम्पादन हेतु महाराष्ट्र शासन द्वारा दिया गया पुरस्कार (1997), बालकुमार साहित्य सभा, पुणे द्वारा दिया जाने वाला ग.ह. पाटील पुरस्कार (1996), साहित्य महामंडल द्वारा दिया जाने वाला मर्ढेकर पुरस्कार बेळगांव (2003), शिवार प्रतिष्ठान, औरंगाबाद द्वारा दिया जाने वाला शिवार पुरस्कार (2003), उर्मी प्रतिष्ठान, जालना द्वारा दिया जाने वाला हरिश्चन्द्र साहनी पुरस्कार (2003), विवेकानन्द प्रतिष्ठान, पुणे द्वारा दिया जाने वाला विवेकानन्द पुरस्कार (2003), साहित्य सम्मेलन ट्रस्ट, इचलकरंजी द्वारा दिया जाने वाला इन्दिरा संत पुरस्कार (2005), स्वतंत्रता सेनानी विनायकराव चारठाणकर पुरस्कार (2006), गो.नि. दांडेकर स्मृति मृणमयी पुरस्कार, पुणे (2010), मराठवाड़ा समन्वय समिति, पुणे द्वारा दिया जाने वाला मराठवाड़ा भूषण पुरस्कार (2011), उत्कृष्ट साहित्य लेखन हेतु महाराष्ट्र शासन द्वारा दिया जाने वाला मधुकर केचे पुरस्कार (2011), अनन्त लाभ सेठ वार पुरस्कार, अमेरिका (2013), जैन इरिगेशन, जळगांव द्वारा दिया जाने वाला बालकवि ठोंबरे पुरस्कार (2013) आदि पुरस्कार प्रमुख हैं।

कविता का आशय

प्रस्तुत पाठ्य-पुस्तक में उनकी 'तथास्तु' और 'बाप बेटा' इन दो कविताओं का समावेश किया गया है।

प्रथम कविता 'तथास्तु' में कवि इन्द्रजीत भालेराव ने इस जीवन की आपाधापी में शान्त एवं संयमित जीवन जीने के लिए भगवान गौतम बुद्ध की तरह निस्पृह एवं निर्विकार होकर जीवन-यापन करना कितना आवश्यक है यह बात सर्वसाधारण मानव को समझाने का प्रयास किया। इसी कारण कवि न कभी इर्द-गिर्द के मनुष्य की जाँच-पड़ताल करना चाहता है और न ही सपनों में जाकर उन्हें तकलीफ देना चाहता है। तथागत की तरह निस्पृह एवं निर्विकार होकर बस वह तिलमिलाई आँखों से अन्तिम विदाई की राह देखता रहता है।

दूसरी कविता 'बाप बेटा' में कवि ने जीते जी माँ-बाप का महत्त्व जानकर मानव जीवन में स्थित उनकी अहमियत को जानने और पहचानने की सलाह दी है। प्राय: बाप के चले जाने पर या स्वयं बाप बनने के बाद अनेक को बाप की अहमियत का बोध होता है। पर तब सिवाय पश्चात्ताप हमारे हाथ में कुछ नहीं रहता है। इसलिए जीते जी बाप को जानना और समझना आवश्यक होता है। पूरी कविता में कवि ने बाप-बेटे के बीच के सम्बन्धों को रेखांकित करते हुए कविता के अन्त में बाप की तुलना 'केसर के उपवन' के साथ तो माँ की तुलना 'पंढरपुर की दींडी' के साथ की है।

तथास्तु

आदमियों की जाँच-पड़ताल कर लेना
सम्भव नहीं हुआ
भावुक होकर मैं प्रेम करता रहा
व्यक्तिगत स्वार्थ साध्य नहीं हुआ
या व्यक्तिगत स्वार्थ समाप्त हुआ
इसलिए आदमी दूर होते गए
उन्हें स्वार्थी नहीं कहा कभी
कईयों ने व्यक्तिगत स्वार्थ साधने हेतु
भावनाओं को आधार बनाया
उन्हें विनम्रता से नकार दिया
बावजूद उसके जिन्होंने मुझे दुश्मन माना
उनकी ओर अनदेखी की
और ईश्वर से अनुनय किया कि
ऐसे लोगों को जल्द ही मेरा विस्मरण हो जाए
उनके सपनों में मुझे मत भेजना
क्योंकि सपनों में भी किसी को तकलीफ
देने की मेरी जरा सी भी इच्छा नहीं है
मैं तथागत की राह देख रहा हूँ
बीछाने पर तिलमिलाई अवस्था में।

अनुवाद : सुनील बाबुराव कुलकर्णी
देशगव्हाणकर

बाप बेटा

हम चलते है जल्दबाजी में तीव्र गति से
बाप पीछे से पुकारता रहता है
झुँझलाहट से ग्रस्त होकर
अनसूने किए शब्द
जब आज हमारे मुख में आते हैं तब
अपना बेटा चल रहा होता है
जल्दबाजी में तीव्र गति से
झुँझलाहट व्यक्त करते हुए
जरा सा भी पीछे मुड़कर न देखते हुए।
अब बाप बनने पर पिता बन जाने पर
पिता की हर हरकतें समझ में आती हैं
सामने से बेटा निकल जाता है
और आन्तरिक हृदय जलता रहता है।
पिता का विश्व जब बेटे को समझ में आता है
तब पिता इस दुनियादारी को छोड़ चुका होता है
पिता का विश्व बेटे के समझने के पहले ही
पिता अनन्त में विलीन हो चुका होता है।
जब तक जीवित होता है तब तक माँ-बाप
किसी को भी नहीं समझ में आते हैं
बाद में लाख प्रयासों के बावजूद
उनके पग-चिह्न भी नहीं मिल पाते
बाप केसर का उपवन

माँ दींडी का सम्मेलन
ऐसे कैसे भूल गया
माँ-बाप का विस्मरण

अनुवाद : सुनील बाबुराव कुलकर्णी
देशगव्हाणकर

भगवान धांडे

भगवान शिवराम धांडे का जन्म 14 अप्रैल, 1961 को हुआ है। एम.ए. (अंग्रेजी, पाली और बुद्धिज्म), बी.एड. तथा पी-एच.डी. तक शिक्षा उन्होंने सफलतापूर्वक पूर्ण की है। मराठी साहित्य के एक जाने-पहचाने कवि एवं आलोचक के रूप में उनकी ख्याति रही है। मराठी भाषा में प्रकाशित उनकी ग्रंथ सम्पदा निम्नलिखित है : डॉ. बाबासाहेब आंबेडकर आणि बहुजन समाज, डॉ. बाबासाहेब आंबेडकर आणि बहुजन नेतृत्व, डॉ. आंबेडकर आणि महर्षि शिंदे यांचे मतभेदः समीक्षकांची समीक्षा, प्रबोधनाचे प्रहार (बाबासाहेबांचे बहुजनोद्धारक ग्रंथलेखन), माईसाहेबांची बदनामी : ही कुणाची संस्कृती की समाज घातक्यांची विकृती?), नवी माणसं (काव्य संग्रह), फुलोरा (काव्य संग्रह), डॉ. बाबासाहेब आंबेडकर यांचे प्रेरक सुविचार, 'बुद्ध आणि त्यांचा धम्म' मधील प्रेरक सुविचार, साहित्य वंचितांचे आणि प्रबोधनाचे (सह ले. डॉ. द्रौपदी पन्दिलवाड), बाबासाहेबांच्या बदनामीचा महाप्रकल्प म्हणजे खैरमोडे लिखित चरित्रखंड आदि प्रमुख हैं। 'अजंता की कविताएँ' यह हिन्दी काव्य संग्रह प्रकाशनाधीन है। प्रस्तुत पाठ्य-पुस्तक में उनकी 'घर' तथा 'अन्नदाता किसान मेरा' ये दो अनूदित कविताएँ संकलित हैं।

'घर' कविता में कवि ने माँ महिमा का गुणगाण करते हुए उसे पाल-पोसकर बड़ा करने में माँ ने कितना संघर्ष किया है इसका यथार्थ और हृदयद्रावक वर्णन किया है। कवि घर को माँ की परछाईं मानता है। उसकी गैरहाजिरी में भी आँगन में पाँव रखते ही उसे माँ की याद आती है और स्मरण होता है उसका संघर्षशील जीवन। कैसे एक मजदूर की तरह मेहनत कर उसने उसका पालन-पोषण किया। बाप के मर जाने के बाद भी पसीना बहाकर खेत-खलिहानों में मजदूरी कर उसने उसकी परवरिश की है। जब भी वह घर आता कैसे वह उसे अपने गले लगाती थी। उसके कारण उसे घर आने की कैसी निरन्तर आस लगी रहती इसका विस्तृत वर्णन किया है और कविता के अन्त में माँ के चले जाने के बाद आज जब वह घर आता है तो पत्नी कैसे टीवी शो में और बेटे कैसे वीडियो गेम में व्यस्त रहते हैं, इसकी ओर भी पाठकों का ध्यान आकर्षित किया है।

दूसरी कविता 'अन्नदाता' में कवि ने किसान की त्रासदी को अभिव्यक्त करते हुए दिन-ब-दिन हो रही उसकी दूरावस्था की ओर भी ध्यान आकर्षित किया है। 'सुजलम सुफलम देश मेरा शेष है सिर्फ किताबों में' कविता का ध्रुपद बनाकर कवि 'जय किसान' का नारा आज कैसे व्यंग्य बाण की तरह चुभता है यह भी बताने की कोशिश की है। अकाल, भ्रष्टाचार, कर्ज आदि के कारण सर्वसाधारण किसान परिवार की कमर टूट गई है। लाचार होकर जीने के सिवाय और आत्महत्या करने के बजाय उसके पास कोई चारा ही नहीं रहा है। ऐसी विपरीत परिस्थिति में नेतागण कुम्भकर्ण की शैली में सो रहे हैं। पूरी कविता व्यंग्य शैली में लिखी गई है और गेयता इस कविता की प्रमुख विशेषता मानी जाती है।

घर

शाम होती, घंटी बजती, स्कूल छूटता
कितना दौड़ते हुए आता था मैं घर
यह जानकर भी कि बन्द है दरवाजा घर का
लगता था घर तो परछाईं है माँ की
उसकी गैरहाजिरी में भी
आँगन में पाँव रखते ही
होती थी महक महसूस उसकी ममता की
माँ को न छुट्टी थी मेरी जैसी
हर इतवार की हर त्योहार की
वह कैसे रह सकती थी घर?
सबके पेट की चिन्ता उसे बाप के मरने पर
पसीना बहाती थी वह गाँव के खेतों में
एक सालाना मजदूर बनकर
साँझ गहरी होती जाती
माँ से मिलने के लिए
नजर मेरी भँवरी होती जाती
फिर दूर से दिखाई देती थी वह राह पर
तो दौड़ पड़ता मिलने उसे
थकी-माँदी सी वह आयु के ढलान पर
राह में ही कसकर गले लगाती
भीगी आँखें मूँदकर
अब दौड़-धूप कर के कचहरी से जब आता हूँ घर
तो भी महसूस होती है उपस्थिति मेरे अपनों की
बीवी टीवी शो में इतनी खो जाती है कि
मेरे आने की आहट भी भूल जाती है

बेटा मोबाइल के गेम में डूबा रहता है
एक जो कुत्ता मेरा
इतना खुश हो जाता है कि गले मिलना चाहता है
देखता हूँ माँ की तरफ
तो वह तस्वीर से मुस्कुराकर
मेरा हाल पूछती है।

अनुवाद : भगवान धांडे

अन्नदाता किसान मेरा

सुजलम सुफलम देश मेरा शेष है सिर्फ किताबों में॥ धृ॥
बंजर खेत हो रहे हैं सालोंसाल अकाल में
अन्नदाता किसान मेरा दानों को मोहताज है
हरे-भरे ख्वाब फसल के हर साल टूटते रहते हैं
धूपकाल-सा मौसम रहता है बरसात के महीनों में
सुजलम सुफलम देश मेरा शेष है सिर्फ किताबों में॥ धृ॥
कर्ज के बोझ से उसकी नींद हराम हो गई है
परिवार की चिन्ता उसे हर पल सता रही है
क्या दम रखा है अब 'जय किसान' के नारों में
सुजलम सुफलम देश मेरा शेष है सिर्फ किताबों में॥ धृ॥
फंदा फाँसी का बन गया है वामन का तीसरा पाँव
कौन करे इस आपदा से बळीराजा का बचाव
नेतागण तो सोते रहते कुम्भकर्ण की शैली में
सुजलम सुफलम देश मेरा शेष है सिर्फ किताबों में॥ धृ॥

अनुवाद : भगवान धांडे

ऋषिकेश कांबळे

ऋषिकेश भीमराव कांबळे का जन्म 14 अप्रैल, 1963 को हुआ है। सम्प्रति वे मराठी विभागाध्यक्ष एवं शोध निर्देशक सरस्वती भुवन कला एवं वाणिज्य महाविद्यालय, औरंगाबाद में कार्यरत हैं। फुले-आंबेडकर तत्त्वज्ञान के मर्मज्ञ एवं चिन्तक, प्रभावी वक्ता, कवि, समीक्षक, चिन्तक एवं नाटककार के रूप में उनकी विशेष ख्याति रही है। तुलनात्मक साहित्य के अध्येता, दलित साहित्य आन्दोलन के मुखपत्र अस्मितादर्श साहित्यिक पत्रिका का कुछ वर्षों तक सम्पादन कार्य भी इन्होंने किया है। महाराष्ट्र राज्य सरकार द्वारा उन्हें डॉ. बाबासाहेब आंबेडकर समाज भूषण पुरस्कार से सम्मानित किया गया, इसके अलावा वे महत्त्वपूर्ण 25 पुरस्कारों से सम्मानित हैं, उन्होंने अनेक साहित्य सम्मेलनों में अध्यक्षता की है, उदगीर में सम्पन्न 40 वें मराठवाड़ा साहित्य सम्मेलन के वे अध्यक्ष रहे हैं। दलित कविता और अमेरिकन ब्लॅक पोएट्री (अनुसन्धान), परिवर्तन और प्रबोधन, शिक्षा प्रेमी डॉ. बाबासाहेब आंबेडकर, अस्तित्व और अस्मिता (वैचारिक), काल बाह, दलित कविता सन्दर्भ और सन्दर्भ (आलोचना ग्रंथ), वादाचिये गावा (साहित्यिक) भाई तुम्हीं कुठे आहात! (नाटक) आदि ग्रंथ सम्पदा प्रकाशित है।

प्रस्तुत पाठ्य-पुस्तक में ऋषिकेश कांबळे जी की मूल मराठी भाषा में रचित 'महामानव' तथा 'चिरन्तन दुःख का सनातन रिश्ता' ये दो अनूदित कविताएँ संकलित की गई हैं।

कविता का आशय

प्रथम कविता 'चिरन्तन दुःख का सनातन रिश्ता' में कवि ने मानवीय जीवन में स्थित सुख की क्षणिकता और दुःख की निरन्तरता को व्यक्त किया है। दुःख की तीव्रता पर प्रकाश डालते हुए कवि कहता है कि दुःख की कोई थाह ही नहीं है, कोई सीमा ही नहीं है। वेदना की इस विराट यात्रा में हर एक मनुष्य खड़ा है। इससे कोई बच नहीं पाता, कोई अछूता नहीं रहता। कवि के मतानुसार इस धरातल पर

स्थित ऐसा कोई भी गाँव नहीं है जो यातना विरहित हो। इस यातना से गाँव-गाँव परेशान है, ग्रस्त है।

इस चिरन्तन दु:ख से कैसे उबरा जाए यह किसी को समझ में नहीं आ रहा था। तब एक ऐसा समय आया जब बोधिवृक्ष के पत्ते लहराए और सुलझाए गए इस चिरन्तन दु:ख के सनातन रिश्ते! भगवान गौतम बुद्ध का स्मरण करते हुए कवि यह मानता है कि बुद्ध ही वे पहले इनसान है जिन्होंने इस चिरन्तन दु:ख के सनातन रिश्ते को स्वयं समझने की और औरों को भी समझाने की कोशिश की। पहली बार उन्होंने यह जाना कि इस अगादि-अगाध दु:ख का मूल कारण हमारी भावनाओं के बोझ के परिणामस्वरूप उपजी तृष्णा है। दु:ख की यातनाओं का वास्तविक मूल यही तृष्णा है। मनुष्य को चाहिए कि वह इस यातना के भंडार के स्त्रोतों को समझे। तभी उसे इस अथाह दु:ख का पता लगेगा।

कवि कहता है कि यह सब करते समय मनुष्य को भगवान गौतम बुद्ध द्वारा बताई यह बात भी ध्यान में रखनी होगी कि मनुष्य को अपने जन्म पर बहुत अधिक गर्व या मस्ती नहीं करनी चाहिए। उसका यह जीवन क्षणभंगुर है। पानी के बुदबुदे के समान है। इस कारण न मनुष्य को जन्म पर मस्ती करनी चाहिए और ना ही मृत्यु के उपरान्त अधिक शोक करना चाहिए। मनुष्य को यह बात जान लेना अत्यन्त आवश्यक है कि दु:ख के इस शामियाने के नीचे बस जरा-सा चुटकी भर सुख स्थित है। वह कब हाथ से छूट जाता है मनुष्य को पता भी नहीं चलता। कविता के अन्त में कवि निष्कर्ष रूप में पाठकों को यही सन्देश देना चाहता है कि वास्तव में यह मनुष्य जीवन दु:ख की अनन्त पोटली है। वह मनुष्य के माथे पर अश्वत्थामा के भाल की तरह सदैव रिसता रहता है। यह वही है जो मनुष्य का चिरकाल तक या अन्त तक साथ देता है। यही कारण है कि उसके और मनुष्य के बीच का रिश्ता चिरन्तन और सनातन माना जाता है।

दूसरी कविता 'महामानव' में कवि युगपुरुष डॉ. बाबासाहब आंबेडकर की महिमा का गुणगान गाते हुए उनके उद्‌बोधन और कार्य के परिणाम स्वरूप सामान्य दलित, मजदूर और किसान वर्ग के जीवन में और उनकी सोच-विचार में कितने आमूलचूल परिवर्तन हुए इसका विस्तृत वर्णन किया है।

कवि युगपुरुष डॉ. बाबासाहब आंबेडकर को सम्बोधित करते हुए कहते हैं कि बाबा साहब आप ही ने दलित, वंचित, प्रताड़ित और सदैव अन्याय, अत्याचार से ग्रस्त मनुष्य के भीतर दावाग्नि को प्रज्वलित किया। आपके कारण ही दिशाहीन पंछियों के घोंसले इतने मजबूत हो गए हैं। आप ही मुर्दा दिल इनसान की सांस बन गए और आप ही ने अंधों के लिए लाठी बनकर उनको सहारा दिया। युगों-युगों

से जिन्हें कभी भी ममता से भरी सौगात नहीं मिली थी, उनके लिए आप ममता से भरी सौगात लेकर आए हो। जो लोग एक-दुसरे का स्पर्श तक निषिद्ध मानते थे, वे अब एक-दूसरे से अन्त:करण से संवाद साध रहे हैं। थके-माँदे, चकनाचूर, असहाय लोगों में, बर्फ से जमे उनके रोम-रोम में आपने ऐसा अद्‌भुत रसायन भरा कि वे पत्थर दिल इनसान भी क्रान्ति के लिए तैयार हो गए। कवि का मानना है कि बाबा साहब के कारण ही सामान्य मनुष्य का कलेजा शेर जैसा मजबूत हो गया है। बाबा साहब ने ऐसा अक्षर रूपी ज्ञान दिया कि जिससे सारा आकाश रोमांचित हो उठा, पानी में भी आग लग गई और जलती हुई अधमरी सांसें भी मुक्ति का नारा लगाने हेतु सक्षम सिद्ध हो गईं।

कवि आगे कहता है कि बाबा साहब ने हमें समझाया था कि विद्रोह करते समय न हों किसी एक पर गुस्सा। उन्होंने हमें ऐसा शब्द दिया जिसे पाकर हम बाहर से नहीं भीतर से सुलग उठे। जाने-अनजाने में मानवीयता को पा कर बिलख उठे। हमारी इन खुशियों का कोई ठौर-ठिकाना ही नहीं था। तब हमें ऐसा लगा था मानो आकाश ने धरती को गले लगाया हो। हमारा जीवन कितना सहजता से टँगा था यह आपने जाना था। इस कारण आपने पृथ्वी को कंधा दिया, मानवता का बोध दिया। इस तरह आजीवन आप केवल देते ही रहे मानवता के खातिर बाँटते-लुटाते ही रहे। परन्तु दुर्भाग्यवश यह कहना पड़ रहा है कि आपके इतने त्याग और परिश्रम के बावजूद भी आम आदमी के ललाट पर फैली रेखाएँ आज भी पूरी तरह फल नहीं पाई हैं।

चिरन्तन दुःख का सनातन रिश्ता

खड़े रहते हैं हम सभी
वेदना की विराट यात्रा में
दुःख की न कोई थाह

यातनाओं के बिना नहीं रहता
ऐसा भी कोई गाँव
किसी एक समय में लहराएँ बोधि वृक्ष के पत्ते
और सुलझते गए
चिरन्तन दुःख के सनातन रिश्ते।

अनादि-अगाध दुःख तितर-बितर
भावनाओं का बोझ और तृष्णा-इन्द्रधनु
यातना-भंडार के स्रोत को समझें
जीने के अथाह दुःख को।

रहे यह भी ज्ञात
ना हो जनम की मस्ती
ना हो मृत्यु का शोक
दुःख के शामियाने के नीचे से
चुटकी भर-सा सुख
छूट जाता है कब का
दुःख की पोटली हैं हम
चिरस्थायी निहारते
सनातन दुःख के चिरन्तन रिश्ते को
ललाट पर चिपका हुआ है कसकर।

अनुवाद : गुरूदत्त राजपुत

महामानव

एक युगपुरुष ने
प्रज्वलित किया दावाग्नि को
जुड़ कर ही
तुम आये और
दिशाहीन पंछियों के घोंसले
कैसे मजबूत हुए।
ये तुमने देखा बाबासाहेब!
तुम ही बने मुर्दा दिलों की सांसें
अंधों की लाठी
और युगों-युगों से न मिल सकी जिन्हें ममता की वह ममता भरी सौगात
तुमने किया अन्त:करण का अन्त:करण से संवाद
थके-माँदे चकनाचूर असहायों में
बर्फ से जमे उनके रोम-रोम में
तुमने जब उतारा यह रसायन
तब यहाँ के पत्थर भी कैसे सिहर गए!
तुमने ही दिया हमें शेर जैसा कलेजा
और दिया शब्द ऐसा
कि आकाश भी रोमांचित हो उठे
पानी भी सुलग उठे
और जलती हुई अधमरी सांसें भी
लगा सके मुक्ति का नारा
विद्रोह करते समय
न हो किसी एक पर गुस्सा
शब्द दिया ऐसा कि
तुमने बाहर से नहीं भीतर से सुलगाया और हम सुलग उठे

जाने-अनजाने में मानवीयता को पा बिलख उठे
तब आकाश ने धरती को गले लगाया था
हमारा जीवन कितनी सहजता से टँगा हुआ था
यह तुमने समझा था
तुमने पृथ्वी को अपना कंधा दिया
मानवता का बोध दिया
इसी तरह 'आप'
अपने आप को देते गए
मानवता के खातिर बाँटते-लुटाते गए
पर दुर्भाग्य!
इनके ललाट पर फैली रेखाएँ
कभी फलीं ही नहीं।

अनुवाद : गुरूदत्त राजपुत

श्रीकान्त देशमुख

इनका पूरा नाम है श्रीकान्त साहेबराव देशमुख। इनका जन्म 03 जुलाई, 1963 को मौजे राहेरी (बू.) तहसील सिंदखेडराजा, जिला बुलढाणा में हुआ है। नवे दशक के बाद की मराठी कविता के एक महत्त्वपूर्ण कवि के रूप में उनकी विशेष पहचान है। कृषक समाज की वेदना, ग्राम व्यवस्था और खेतिहर समाज उनकी कविताओं के केन्द्र में है। मराठी भाषा में लिखित अब तक उनके चार काव्य संकलन, जिनमें बळीवन्त (1997), आषाढ माती (2003), बोलावे ते आम्ही (2013) और लोळणफुगडी आदि प्रमुख हैं। दो ललित लेख संकलन जिनमें पडझड वा-याच्या भिंती (2015) और साखर कारखानदारीतले दादा (2016) प्रमुख हैं। दो वैचारिक ग्रंथ जिनमें से एक का शीर्षक है महाराष्ट्रातील शेतकरी चळवळ : प्रस्तावना डॉ. भा.ल. भोळे (1997) और दूसरा कुळवाडी भूषण शिवराय प्रस्तावना डॉ. सदानन्द मोरे (2013) प्रमुख हैं। दो उपन्यास जिनमें से एक का शीर्षक है 'पिढीजात' और दूसरा है 'कोवळे वर्तमान'। एक नाटक जिसका शीर्षक है 'नली' जिसका जळगांव के सुप्रसिद्ध नाटककार एवं नाट्य दिग्दर्शक श्री. शंभू पाटील जी ने नाट्य रूपान्तरण किया है। इसके अतिरिक्त श्रीकान्त देशमुख जी ने महानोरांच्या कविता (समीक्षा सम्पादन), समकालीन साहित्य विचार डॉ. नागनाथ कोत्तापल्ले गौरव ग्रंथ (2010) और भालचन्द्र नेमाडे यांचे साहित्य : नव्या पिढीचे अर्धशतकोत्तर पुनरावलोकन (2015) इन तीन ग्रंथों का सम्पादन भी किया है। उनकी अब तक की साहित्य सेवा को ध्यान में रखकर उन्हें निम्न पुरस्कारों से गौरवान्वित किया गया है

बोलावे ते आम्ही—इस काव्य संकलन हेतु सन् 2017 में साहित्य अकादमी पुरस्कार, महाराष्ट्र फाउंडेशन अमेरिका का वर्ष 2004 का पुरस्कार, सन् 2014 में महाराष्ट्र शासन द्वारा दिया जाने वाला केशवसुत पुरस्कार, सन् 2016 में सोलापुर शहर में लोकमंगल पुरस्कार, सन् 1998 में मराठवाड़ा साहित्य परिषद द्वारा दिया गया म.भि. चिटणिस पुरस्कार, सन् 1998 में नाशिक शहर में प्राप्त विशाखा पुरस्कार, सन् 1998 में प्रवरानगर में प्राप्त पद्मश्री विखे पाटिल

सम्मान, बी. रघुनाथ पुरस्कार, औरंगाबाद, यशवन्तराव चव्हाण सम्मान, पुणे, कै.भि.ग. रोहमारे पुरस्कार, कोपरगाँव, दु:खी राय हरिश्चन्द्र साहनी पुरस्कार, जालना, सन् 2004 में मराठवाड़ा साहित्य परिषद, औरंगाबाद द्वारा दिया जाने वाला कुसुमावती देशमुख पुरस्कार, ना.घ. देशपांडे पुरस्कार, बुलढाणा, सन् 2014 में शिवार प्रतिष्ठान, औरंगाबाद द्वारा दिया जाने वाला साहित्य पुरस्कार, दाते प्रतिष्ठान, वर्धा, चैत्र संवाद नाशिक, नारायण सुर्वे पुरस्कार, अमरावती, शब्द वेल प्रतिष्ठान, लातुर, प्रसाद बन पुरस्कार, नांदेड़ तथा मुद्रा पुरस्कार, जालना आदि प्रमुख हैं।

प्रस्तुत पाठ्य-पुस्तक में श्रीकान्त देशमुख जी द्वारा लिखित दो कविताएँ 'गाँव गाँव का आसमान' और 'वे नहीं करते हैं बात' संकलित हैं।

कविता का आशय

प्रथम कविता 'गाँव गाँव का आसमान' में कवि ने वैश्वीकरण के परिणाम स्वरूप निरन्तर बढ़ते उद्योग और कल-कारखानों के कारण छोटे-मोटे गाँव कैसे कम से कमतर होते जा रहे हैं, इस ओर पाठकों का ध्यान आकर्षित करने का प्रयास किया है। वैश्वीकरण की प्रक्रिया में भौतिक उन्नति की आस का सबसे बड़ा आघात गाँव पर तथा वहाँ के उद्योग व्यवसाय पर ही हुआ। निरन्तर बढ़ती इस आस के परिणाम अनेक गाँव और वहाँ की संस्कृति विनष्ट हो गई है। यह खतरा आज भी गाँव-गाँव के सिर पर मँड़राता हुआ दिखाई दे रहा है। 'जहाँ जहाँ आसमान झुका है वहाँ वहाँ कोई एक गाँव' काव्य पंक्तियाँ उसी आशंका की द्योतक हैं। कवि को ऐसा भी लगता है कि आज वह स्वयं जिस जगह पर खड़ा है वहाँ पर भी शायद कोई गाँव रहा होगा!

संक्षेप में यही कहा जा सकता है कि प्रस्तुत कविता के माध्यम से कवि ने भौतिक चकाचौंधता की इस अंधी दौड़ में ग्राम्य संस्कृति के संरक्षण एवं संवर्धन का आवहान किया है।

दूसरी कविता 'वे नहीं करते हैं बात' इस कविता में भी कवि ने गाँव, गाँव के लोग, गाँव में स्थित बैल, ढोर-मवेशी आदि का गुणगान गाते हुए खस्ता होते गाँव का हृदयद्रावक वर्णन किया है। कवि का यह निरीक्षण है कि गाँव के लोग स्वयं के बारे में अधिक बातें नहीं करते। वे चुपचाप ढोर-मवेशी और गाय-बैलों को पुचकारते रहते हैं। वे इन्हीं में अपना तथा गाँव का अस्तित्व ढूँढ़ते हैं और इन्हीं के साथ समरस होकर जीते हैं। बैल उन्हें जगत का नियंता लगता है और रास्ते चलते गाय के सामने भी वे चारा-पानी रख देते हैं। वे अपने परिवेश के बारे में अधिक

बात नहीं करते। परिवेश के साथ एकरूप समरस होकर जीना ही उन्हें अच्छा लगता है। अन्त में कवि कहता है कि "जो सिरहाने माटी का ढेर रखकर सोते हैं, मिट्टी में उगते हैं और मिट्टी में ही पनपते हैं और जामुनी पंछी फुनगी पर मिट्टी के फैलाव को आँखों में लिए, ऐसे गाँव तथा गाँव के साथ समरस होकर जीने वाले लोग बहुत कम होते जा रहे हैं ऐसे भाव कवि ने अपनी दोनों कविताओं में रखने का प्रयास किया है।

गाँव गाँव का आसमान

दूर-दूर निर्जन उजाड़ में ऊँचा पठार है
वहाँ पर आसमान झुका हुआ है
दूसरी ओर घने पेड़, सघन झाड़ियों का हरा-स्याह आभास
वहाँ पर भी आसमान झुका हुआ है
और एक ओर शक्कर कारखाने की
निष्प्राण आसमान को छूती चिमनी की ओट में
एक स्लेटी झुका हुआ है
और कहीं-कहीं पर वीरान उजाड़ में खाइयों पर, नदी के तट पर,
पशु-मवेशी सप्ताहिक बाजार, बाड़ी-बस्तियों, कबीलों पर आसमान झुका हुआ है
जहाँ-जहाँ आसमान झुका हुआ है वहाँ-वहाँ है कोई एक गाँव
इनसानों का पेड़ों या सिर्फ माटी का गाँव नजर नहीं आता है
दिखाई देता है केवल गाँव का आसमान
मैं खड़ा हूँ जहाँ पर
गाँव ही नहीं है
आसमान भी है टिका हुआ
खड़ा हूँ मैं जहाँ पर वहाँ पर भी होगा कभी कोई गाँव
या फिर मुझ में ही होगा
दिखाई न देता कोई गाँव
जो टोह रहा है ढूँढ़ती आँखों से
गाँव गाँव पर झुका आसमान।

अनुवाद : सुनीता डागा

वे नहीं करते हैं बात

जिन्हें नेह है अपने गाँव से वे नहीं करते कभी भी गाँव की बात
मन-ही-मन सहेजते रहते हैं वे घर के द्वार-देहरी-चौबारे
जो नहीं बोलते हैं मवेशियों-ढोरों के बारे में
वे रात के अँधेरे में पुचकारते रहते हैं
बैलों के कन्धों को, गले से झूलती खाल को
ममता से सहलाते हैं कुचले गए अंडों को
नहीं अलापते हैं वे अपना कोई राग
शब्दों का कोलाहल उठता है मन में
और केवल ताकते रहते हैं वे दूर तक
जमीन छूते आसमान की ओर खामोशी से
सोते हैं वे माटी का ढेर सिरहाने रखकर
खाते हैं मिट्टी और उगते हैं मिट्टी ही से
वे पलते हैं हवा के संग हिल-डुलकर
कभी मुँह नहीं खोलते हैं वे मिट्टी को लेकर
जिन्हें नेह है सभी के गाँव से वे सहलाते हैं पराए खेतों को भी ममता से
हर एक बैल नजर आता है उन्हें जगत का नियंता
रास्ते चलती गाय के सामने भी वे रख देते हैं चारा-सानी
अपने परिवेश के बारे में वे कभी बात नहीं करेंगे
उन्हीं में समाए हैं यहाँ के खेत-फसल पोखर-नाले
पहाड़ी-खाइयाँ माँ-बेटियाँ, पिता-पुत्र, ढोर-मवेशी
खुद ही खुद के बारे में बात करने का पाप भी नहीं लेंगे वे अपने माथे पर
जो सिरहाने माटी का ढेर रखकर सोतै हैं
मिट्टी में उगते हैं और मिट्टी में ही पनपते हैं
और जामुनी पंछी फुनगी पर
मिट्टी के फैलाव को आँखों में लिये।

अनुवाद : सुनीता डागा

उर्मिला चाकूरकर

उर्मिला जी का जन्म 10 सितम्बर, 1963 में हुआ है। एम.बी.बी.एस.; डी.जी.ओ.; एम.डी. तक की वैद्यकीय शिक्षा पूर्ण कर उन्होंने जिसे दक्षिण की काशी समझा जाता है ऐसे सुप्रसिद्ध तीर्थ स्थल पैठण में अपना स्वयं का अस्पताल शुरू कर वैद्यकीय चिकित्सा का व्यवसाय प्रारम्भ किया। पेशे से डॉक्टर होने के बावजूद भी साहित्य सृजन में उनकी विशेष रुचि दिखाई देती है। कविता, ललित गद्य, बाल साहित्य, वैद्यकीय साहित्य, यात्रा वर्णन, सम्पादन और ध्वनि फित निर्माण में उन्होंने अब तक खूब योगदान दिया है। उनका रचना संसार निम्नलिखित है

काव्य संकलन : चाँदणचाफा, पर्णपाचू, पर्जन्य शास्त्र, पलाशपंख, हिरवी लिपी, विठोबा।

ललित गद्य : सृजन सोहळा, काळोख काशिदा, कॉपरी टी सुन्दरी।

बाल साहित्य : आदित्यची डिस्नेलैंड सफर, शामराव बोधनकर चरित्र, अग्निशिखा कावेरी, आस्ट्रेलियातील सोन्याचा शोध और हत्तीचा चश्मा आदि प्रमुख हैं।

वैद्यकीय : ओळख कुटुंब कल्याणाची, तरुण दिसा व सुन्दर असा, नऊ महीने नऊ दिवस।

सम्पादन : हैदराबाद मुक्ति संग्रामातील कुबेर (शामराव बोधनकर चरित्र), साक्षात स्त्री साहित्य विशेषांक, स्व. स्वा.सै. नारायण राव चाकूरकर स्मरणिका तथा समर्पण स्मरणिका आदि प्रमुख हैं।

यात्रा वर्णन : ड्रॅगनच्या देशात, दिशान्तराच्या गोष्ठी।

उनके उपर्युक्त साहित्यिक योगदान को केन्द्र में रखकर उन्हें कई सारे साहित्य पुरस्कारों से भी सम्मानित किया गया है उनमें से कुछ निम्न प्रकार के हैं :

'पर्णपाचू' काव्य संकलन के लिए अंकुर साहित्य संघ का विमल ताई बेलसरे पुरस्कार, साहित्य कलायात्री का जगदीश खेबूडकर पुरस्कार तथा कै. माधव डहाळे पुरस्कार।

'पर्जन्यशास्त्र' काव्य संकलन हेतु रुथबाई हिवाळे पुरस्कार अहमदनगर, सूफी साहित्य पुरस्कार, हिंगोली।

'पलाशपंख' काव्य संकलन हेतु लोकमान्य साहित्य संघ, मुम्बई द्वारा दिया जाने वाला मोरेश्वर पटवर्धन पुरस्कार, मराठवाड़ा साहित्य परिषद, औरंगाबाद द्वारा दिया जाने वाला कै.कुसुमताई देशमुख साहित्य पुरस्कार, पिंपरी-चिंचवड साहित्य प्रतिष्ठान द्वारा दिया जाने वाला गौरव पुरस्कार।

'आदित्य का डिस्नेलैंड सफर' इस यात्रा वर्णन हेतु कोल्हापुर बाल साहित्य सभा का पुरस्कार, ना.ह. आपटे स्मृति पुरस्कार, सातारा।

'श्रजन सोहळा' ललित गद्य लेखन के लिए महाराष्ट्र शासन द्वारा दिया जाने वाला राष्ट्रसंत तुकडोजी पुरस्कार, देवयानी प्रकाशन नागपुर का ग्रंथोदय पुरस्कार। 'अग्निशिखा कावेरी' के लिए महाराष्ट्र राज्य शासन का भा.रा. भागवत पुरस्कार। 'दिशान्तराच्या गोष्टी' पुस्तक के लिए सूर्यकान्ता भाई फोटो पुरस्कार, अमरावती। काळोख काशिदा इस साहित्य कृति के लिए साहित्य प्रेमी भगिनी मंडळ पुणे द्वारा दिया जाने वाला इन्दिरा पुरस्कार। 'हत्तीचा चश्मा' इस साहित्य कृति के लिए अखिल भारतीय प्रकाशक संघ पुणे, साहित्य विहार, नागपुर तथा सूर्योदय प्रतिष्ठान, जळगांव का साहित्य पुरस्कार। इसके अतिरिक्त भी अन्य कईं पुरस्कारों से उर्मिला जी को सम्मानित किया गया है। प्रस्तुत पाठ्यपुस्तक में उनकी दो अनूदित कविताएँ संकलित की गई हैं।

कविता का आशय

प्रथम कविता 'पत्थर का भगवान होते हुए' में कवयित्री ने पत्थर से भगवान होते समय की प्रक्रिया व्यक्त की है। एक कलाकार जब पत्थर को मूर्ति के रूप में साकारता है तब उसके अन्तर्मन में चल रही सृजन प्रक्रिया और सोच-विचार को कवयित्री बहुत सीधे-साधे और सरल शब्दों में अभिव्यक्ति देती है। कवयित्री का यह मानना है कि प्राय: मूर्तिकार जब पत्थर की मूर्ति तराशता है तब उसके मन में वे सारे भाव नहीं होते जो एक मूर्ति के साकारने के बाद एक सामान्य भक्तजन के मन में उभरते हैं। एक भव्य मन्दिर में उसकी प्राण-प्रतिष्ठा हो जाएगी, उसका अभिषेक कराया जाएगा, उसकी आरती उतारी जाएगी, उस पर चढ़ावा चढ़ाया जाएगा, उसका आशीर्वाद पाने के लिए लोग तपस्या करेंगे, उससे वरदान माँगे जाएँगे, ऐसे कोई भी विचार कलाकार के मन में नहीं होते हैं; वह तो बेचारा अपने प्राणों को सींचकर इन सुबुद्ध पाषाणमयी अधरों पर हल्की-सी मुस्कान फैलते हुए देखना चाहता है। और जब पाषाण भृकुटियों के नीचे कमल नयन को खिलते हुए वह देखता है तो उसकी सारी मेहनत, उसका सारा परिश्रम सार्थक हुआ ऐसा उसे लगता है। वह उस गढ़ी मूर्ति को जी जान से एकटक देखकर उसके परिश्रम की सार्थकता को निहारता मात्र रह जाता है ऐसा कवयित्री को लगता है।

दूसरी कविता 'पांडुरंग प्रसन्न होता है' यह कविता एक व्यंग्य कविता है। जिसके माध्यम से कवयित्री ने व्यक्त किया है कि आज वर्तमान में पांडुरंग की कृपादृष्टि उन्हीं लोगों पर बनी रहती है जो लोगों का शोषण करते हैं, उन पर अन्याय-अत्याचार करते हैं, भ्रष्टाचार करते हैं। उनमें शुगर फैक्ट्री के मालिक, भू-माफिया, रेती माफिया, छल-कपट से दूसरों की जमीन हथियाने वाले सेठ, साहूकार, सामन्त और गल्ली से दिल्ली तक के दादाओं का समावेश है। कवयित्री को लगता है कि विठू की आँख में अब सफेद मोतियाबिन्द उभरा है। परन्तु कवयित्री कविता के अन्त में यह आशंका जताती है कि अब विठू की आँखों में उभरे इस मोतियाबिन्द का ऑपरेशन कौन कर पाएगा? कर पाना सम्भव है भी या नहीं?

प्रस्तुत व्यंग्य कविता में कवयित्री की विठू की आँखों में उभरे मोतियाबिन्द के ऑपरेशन की कल्पना एक चमत्कारिक व्यंग्य और व्यवस्था के मुँह पर मारा हुआ जबरदस्त तमाचा लगता है।

पत्थर का भगवान होते हुए

कितनी विदग्धता से
उसने
अपने छेनी-हथौड़े से
साकार किया
उस अवनीश्वर-स्वानन्द-भुवनेश्वर को
उसे नहीं उठाने थे छत्र-चामर
न धरनी थी अभिषेक की धार
उसकी शिखा पर
न उकेरनी थी
उसके युगल चरणों पर
मत्था टेकती हुई कोई छवि
न बजानी थी ताली
किसी लगाये दीये की लौ में
न किसी आरती में
उसने देखा था
पत्थर बनते हुए भगवान को ही
न किरी प्रसाद की आशा
न आस किसी आरती के चढ़ावे की
न किसी आशीर्वाद में उठे हुए भगवान के कर कमलों की
या न किसी वरदान को पाने की
अपने प्राणों को सींचकर
इन सुबद्ध पाषाणमयी अधरों पर
हल्की सी मुस्कान को फूलते हुए
और उन्हीं
पाषाण-भृकुटियों के ठीक नीचे

हौले पाँव कमल-नयनों को खिलते हुए
उसने देखा था
जी-जान से आज
पत्थर का 'भगवान' होते हुए...

अनुवाद : गणेशराज सानाळे

पांडुरंग प्रसन्न होता है...

पांडुरंग प्रसन्न होता है...
विठू प्रसन्न होता है
शुगर लॉबी से जुड़े उन सम्राटों पर
रेती माफियों पर, भू-माफियों पर
दूसरों की जमीने-जोर-जबरदस्ती से
अपने नाम लिखवा लेने वाले सामन्तों पर-महन्तों पर
गल्ली से दिल्ली तक के दादाओं पर
बेछूट, बेलगाम विद्रोही बेईमानों पर...
विठू प्रसन्न होता है
देशी सुन्दरियों पर-विदेशी तारकाओं पर
हो सके तो तारों भरे चमचमाते आकाश पर
विठू प्रसन्न होता है कभी, कहीं और किसी पर भी
उसकी आँखें तो सदा खुली
लेकिन खुली आँखों के बीच 'मोतियाबिन्द'
बनें वे सफेद फूल
कौन और कैसे निकालेगा?

अनुवाद : गणेशराज सानाळे

केशव देशमुख

केशव सखाराम देशमुख जी का जन्म 05 फरवरी, 1965 में हुआ है। लेखक, समीक्षक एवं कवि के रूप में केशव जी सम्पूर्ण महाराष्ट्र को ज्ञात हैं। वर्तमान में वे स्वामी रामानन्द तीर्थ मराठवाड़ा विश्वविद्यालय, नांदेड के मराठी विभाग में प्रोफेसर एवं मराठी विभागाध्यक्ष तथा अध्यक्ष मराठी अध्ययन मंडल इन पदों पर कार्यरत हैं। महाराष्ट्र शासन द्वारा नियुक्त भाषा सलाहकार समिति में वे विशेष सलाहकार के रूप में कार्यरत हैं। बोली भाषाओं के अध्येता के रूप में उनकी विशेष ख्याति रही है। प्रादेशिक स्तर पर आयोजित मराठी भाषा के लगभग सात सम्मेलनों की अध्यक्षता उन्होंने की है। अखिल भारतीय मराठी साहित्य सम्मेलन में उन्हें कई बार बतौर कवि, साक्षात्कार लेने हेतु निमंत्रित किया गया है। भारत सरकार की साहित्य अकादमी द्वारा आयोजित भाषा विषयक विविध राष्ट्रीय कार्यक्रमों में उन्हें निमंत्रित के रूप में बुलाया जाता है। अब तक उनके पाँच काव्य संकलन, चार आलोचनात्मक ग्रंथ और दो ललित लेखों के संकलन प्रकाशित हैं। महाराष्ट्र शासन द्वारा दिया जाने वाले कवि केशवसुत पुरस्कार और बालकवि के नाम से दिए जाने वाले साहित्य पुरस्कार से उन्हें गौरवान्वित किया गया है। औरंगाबाद, गडचिरोली, सोलापुर, अमरावती, नागपुर इन विश्वविद्यालयों के अध्ययन मंडल में मराठी भाषा विशेषज्ञ के रूप में भी वे अपना योगदान देते रहे हैं। ग्रामीण मनुष्य, ग्रामीण समाज, ग्रामीण संस्कृति के सम्बन्ध में उन्हें विशेष आस्था होने के कारण यही बिन्दु उनके अब तक के लेखन के केन्द्र में रहे हैं। पाढा, तंतोतंत, अथक, गाभा, विचार यात्रा, ग्राम शिदोरी, चालणारे अनवाणी पाय, फ.मु. शिंदे यांची काव्य प्रतिमा, भाषा चिन्तन, पीक पाणी और चिन्तनाचा समुद्र ऐसे उनके द्वारा लिखित साहित्य कृतियों के प्रमुख शीर्षक रहे हैं।

प्रस्तुत पाठ्यपुस्तक में केशव देशमुख जी की दो कविताएँ 'ढाल' और 'मिट्टी का गाना' इस काव्य संकलन में संकलित की गई हैं।

कविता का आशय

प्रथम कविता 'ढाल' में कवि ने उसको एक प्रतीक के रूप में चित्रित किया है। कवि का यह मानना है कि परिस्थितियाँ नित परिवर्तनशील होती हैं। वे एक जगह कायम या एक जैसी नहीं रहती हैं। मनुष्य को चाहिए कि उसके भीतर के तेज और संयम को कभी भी ढलने न दिया जाए। एक के बाद एक संकटों की शृंखला आ सकती है किन्तु मनुष्य को चाहिए कि वह उसके भीतर की सतर्कता को कभी भी जंग न लगने दे। हमारे भी दिन आ सकते हैं। केवल वह आने तक विश्वास को ढलने नहीं देना चाहिए। संकटों का डटकर मुकाबला करने पर विजयश्री हर हाल में प्राप्त होनी ही है। केवल आवश्यकता इस बात की है कि धैर्य और ढाल को अन्य किसी की गोद में नहीं थमाना चाहिए। न रुकते हुए न थकते हुए निरन्तर चलते रहना आवश्यक है।

दूसरी कविता 'मिट्टी का गाना' में कवि ने इस धरा का गुणगान गाते हुए उससे समरस होकर जीवन जीने की सलाह दी है। कवि इस मिट्टी के साथ इतना समरस हो गया कि उसे मिट्टी को सूँघने के बाद तुरन्त बरसात की लिपि का अनुमान होता है। बोए हुए बीज की भाषा और फसल के कलेजे की आशा उसे तुरन्त समझ में आती है। वह अपने आपको लोहे के हल के पास मानता है, फाल मानता है। हल की सहायता से ही वह जमीन को उपजाता है। अन्त में समरसता की यह मात्रा इतनी बढ़ जाती है कि मिट्टी ही कवि की भाषा और शब्द बन जाते हैं। प्रस्तुत कविता के माध्यम से कवि ने मिट्टी के साथ समरस होकर जीवन जीने की ही सलाह दी है।

ढाल

परिस्थिति
बदल ही जाती है।
केवल संयम और तेज सँभाल कर रखना पड़ता है।
संकट
आ सकता है।
केवल सतर्कता को जंग न लग जाए
इसकी तीव्र इच्छा मन में सँजोए रखनी पड़ती है।
हमारे भी
दिन
आ सकते हैं।
केवल
विश्वास ढीला नहीं पड़ने देना चाहिए।
विजय प्राप्त हो जाएगी
केवल धैर्य और ढाल
अन्य किसी को गोद नहीं देना चाहिए।
चलते रहना चाहिए।
रुकने का नहीं कभी
रास्ते किसी ने किसी को बेचे हुए नहीं
इतना ध्यान में रखा जाए।

अनुवाद : सुनील बाबुराव कुलकर्णी
देशगव्हाणकर

मिट्टी का गाना

खेत की मिट्टी मैं सूँघ लेता हूँ।
बरसात की लिपि मैं समझ लेता हूँ।
बोए हुए बीज की मुझे समझती है भाषा
फसल के कलेजे की मुझे समझती है आशा
मैं हल के लोहे के पास
मैं हल का लोहे का फाल
मैं हल से उपजाता हूँ जमीन
मुझे देखता है आसमान
परिश्रम को सलाम करते हुए मैं चलता हूँ राह
रोटी के इर्द-गिर्द साकार होती है सुबह
मिट्टी से प्रतिरोध करने वाले ये मेरे लोहे के हाथ
इसी कारण मेरे द्वार पर जगमगाए दिए की ज्योत
मिट्टी भाषा मिट्टी शब्द और मिट्टी ही कविता
कविता की खिड़की में उदित होती है सविता॥

अनुवाद : सुनील बाबुराव कुलकर्णी
देशगव्हाणकर

प्रभाकर शेळके

प्रभाकर शेळके जी का जन्म दिनांक 04 जुलाई, 1966 को अपने मूल गाँव में ही हुआ। स्नातकोत्तर कक्षा मराठी को उत्तीर्ण करने के बाद आपने शिक्षणशास्त्र की पदवी के साथ-साथ विश्वविद्यालय अनुदान आयोग, नई दिल्ली द्वारा ली जाने वाली नेट तथा सेट परीक्षा को भी उत्तीर्ण किया।

शिक्षा का कार्यकाल खत्म होते ही इनकी मत्सोदरी शिक्षण संस्था में अध्यापक की नौकरी लगी।

तब से लेकर अब तक अध्ययन-अध्यापन के साथ-साथ आप साहित्य सृजन में भी निरन्तर व्यस्त रहे हैं।

अब तक आपकी मूल मराठी भाषा में लिखित पाँच पुस्तकें प्रकाशित हो चुकी हैं। जिनमें करपलं रानं (काव्य संकलन) 2017, जाति अन्ताचे हुंकार (कविता संकलन) 2018, आंबेडकरी एकांकीका (एकांकी संकलन) 2016, सहकार सूर्य (चरित्र काव्य) और व्यवस्थेचा बइल (कथा संकलन) 2019।

उपर्युक्त लेखन कार्य हेतु उन्हें अब तक कई पुरस्कारों से गौरवान्वित किया गया है, जिनमें नाट्द्य दर्पण, मुम्बई का एकांकिका पुरस्कार, अस्मितादर्श कथा लेखन प्रथम पुरस्कार (2000), विशाखा ग.ल. ठोकळ कथा लेखन पुरस्कार, पुणे, सांस्कृतिक कालनिर्णय कथा लेखन पुरस्कार (2012), भि.ग. रोहमारे उत्कृष्ट कथा पुरस्कार, माय मराठी कथा साहित्य पुरस्कार, महाराष्ट्र साहित्य परिषद कथा पुरस्कार मंगळवेढा, जे.के.जाधव ग्रामीण साहित्य पुरस्कार, औरंगाबाद कथा बोली (चौदह बोलियों की चयनित कथाएँ, डॉ. संजय लोहकरे, इनके सम्पादन में जालना बोली की कथाओं का समावेश)।

पाँचवे राज्यस्तरीय शेष साहित्य सम्मेलन की अध्यक्षता, अद्य कवयित्री महदम्बा के प्रथम साहित्य सम्मेलन की अध्यक्षता। प्रस्तुत पाठ्य-पुस्तक में प्रभाकर शेळके जी की मूल मराठी भाषा में लिखित दो कविताओं का हिन्दी अनुवाद लिया गया है। प्रथम कविता 'इस मानवता के द्वीप पर' और दूसरी कविता 'देह हृदय का मन्दिर, सांस उसमें परमेश्वर' है।

कविता का आशय

प्रथम कविता 'इस मानवता के द्वीप पर' में वर्तमान कालीन समाज में सम्पूर्ण विश्व जिस महामारी से ग्रस्त है उस कोरोना कोविड-19 की महामारी के दुष्परिणामों का यथार्थ एवं हृदयद्रावक वर्णन किया है। इस महामारी ने एक-दो देश नहीं बल्कि सम्पूर्ण विश्व को अपने कब्जे में लेकर अपनी उंगली के ताल पर नाचने हेतु मजबूर कर दिया है। कवि कहता है कि इसी के परिणामस्वरूप इस मानवता के द्वीप पर मृत्यु-सा तूफानी सन्नाटा छा गया है। मृत्यु के डर से लोग इतने भयभीत हो गए हैं कि चारों दिशाओं में मृत्यु की घटा ने मानो अपना तांडव नृत्य आरम्भ कर दिया है। एक तो जाड़े की ठंड, ऊपर से लॉकडाउन और रही सारी कमी संचार के प्रतिबंध ने पूरी कर दी है। इन तीनों के फलस्वरूप मनुष्य ऐसा सिकुड़ गया की पूछो मत! वास्तविकता सांस जीवित रहने के लिए कितनी परम आवश्यक है परन्तु कोरोना की इस महामारी के कारण स्थिति यह हो गई है कि वह लेने पर भी पाबन्दी लगाई गई है। क्योंकि डॉक्टर लोगों का कहना है कि सांस नलिका के माध्यम से ही यह कोरोना का विषाणु मनुष्य हृदय के साथ अपना रिश्ता जोड़ता है। जिसके जुड़ने पर मनुष्य प्राण धीरे-धीरे दुर्बल होने लगते हैं और मनुष्य के फेफड़े अपना रोना मतलब गाना गाना आरम्भ कर देते हैं।

कवि का मानना है कि इस कोरोना का असर मनुष्य प्राणी की तरह पेड़-पौधों पर भी हो रहा है। उसकी खून आत्माएँ और आत्माओं की शापित छाया जीवनयापन की भीड़ में एक मलिन काया-सी सब तरफ छा गई है। काल ने तो ऐसा तूफान मचा दिया है कि चहुँओर मृत्यु के झुंड-के-झुंड दिखाई दे रहे हैं। कवि के मतानुसार यह दृश्य इतना भयावह है कि मृत्यु शैया में एक बार लगी आग अब बुझने का नाम ही नहीं ले रही है। कविता की अन्तिम पंक्तियों में कवि कहता है कि यह सृष्टि का चक्र युग-युग से ऐसा ही चल रहा है। ऐसा लगता है कि मानो कोई अदृश्य शक्ति मृत्यु की फिरकी ले रही हो।

गेय शैली में और मराठी के अठाक्षरी (अठाक्षरी यह मराठी का एक छंद प्रकार है जिसमें कविता की हर पंक्ति में केवल आठ ही अक्षर होते हैं)। छंद में लिखी यह कविता वर्तमान की भयावहता के साथ जीवन की क्षणभंगुरता को बड़े ही सीधे-साधे एवं सरल शब्दों में अभिव्यक्त करती है।

दूसरी कविता 'देह हृदय का मन्दिर, साँस है परमेश्वर' इसमें कवि ने देह को हृदय का मन्दिर माना है और सांस को परमेश्वर की उपमा दी है, जो अपने हृदय के साथ सच्चा संवाद साध सकता है। वास्तव में उसी में ईश्वरत्व का अंश देखना चाहिए; या उसी को सच्चा ईश्वर मानना चाहिए। हृदय की प्रतीकात्मकता को अभिव्यक्त

करते हुए कवि कहता है कि मन देह का चन्द्रमा है और अम्बर हृदय की माता है। जब ये दोनों एक-दूसरे से समरस होकर संवाद साधते हैं, तो संवाद अपने आप सुन्दर मतलब अच्छा, आनन्ददाई, चित्त को हरने वाला हो जाता है। मनुष्य के पेट में स्थित गर्भनाल अत्यन्त नाजुक एवं कोमल होती है अतः उसमें सुख की अधिक मात्रा समा नहीं पाती। इसलिए पलक झपकते ही दुःख की मात्रा जमने और जोर पकड़ने लगती है। हमारे मन की भावना पुष्प की तरह मृदु और मुलायम होती है और हमारा मन कली की तरह कोमल एवं नाजुक होता है। ऐसे मनुष्य देह में निरन्तर सांसों का जागरण चलता रहता है, जिससे हृदय कोलहाल से भर जाता है।

आगे की पंक्तियों में कवि लिखता है कि मन और हृदय का रिश्ता एकदम एकरसता और समरसता जैसा है। यदि घाव मन में होता है तो चोट हृदय को लगती है। यदि शोक मन में विराजता है तो प्राण, प्राण को ही के जलाने लगता है। इससे आप अनुमान कर सकते है कि दोनों कितने एकरस और समरस है। हृदय से संवाद साधने वाला संवादी कहता है कि मीठा गोंदन निकालकर हृदय में प्रवेश कर (कविता में चीर कर इस अर्थ में) ममत्व का मर्म साधना चाहिए। कवि आगे लिखता है :

ऐसा कहकर चले, कलेजा सँभालकर
प्राण हृदय के साथ चलते, कैसे तोल-तोलकर।

तात्पर्य यह कि प्राण हृदय के साथ कदम-से-कदम मिलाकर मतलब तोलकर चलता है। कवि के मतानुसार हृदय से तालमेल साधते हुए यह जीवन का खेल मजे से खेलना चाहिए। 'शुद्ध मन के तल पर पंख मिटाकर एकान्त में' इन पंक्तियों का आशय मुझे लगता है कि यदि मन में शुद्ध भाव है और साथ में एकान्त है तो बिना किसी चिन्ता के पंख मिटाकर मतलब आँख मूँदकर ईश्वर के साथ संवाद साधने में मदद होती है।

कवि आगे लिखता है कि जब मन, मन-ही-मन में नाचता है तब प्राण गहराई में जाकर आनन्दोत्सव मनाते है।

सीने में जब वेदना होती है तब हृदय रो-रोकर रुदन करता है। इसलिए कविता की अन्तिम पंक्ति में कवि कहता है कि हृदय के साथ संवाद कर अपने इस मूल्यवान देह का संरक्षण एवं संवर्धन कीजिए। अन्त में कवि यही सन्देश देता है कि 'शब्द अक्षर है मिट्टी का धन शरीर कमाए'।

सम्पूर्ण कविता इस भौतिक चकाचौंध की दुनिया में अपनी ओर, अपने शरीर, मन और स्वास्थ्य की ओर ध्यान देने का तथा उससे संवाद साधने का मौलिक उपदेश देता है।

इस मानवता के द्वीप पर

इस मानवता के द्वीप पर
तूफान मृत्यु का सन्नाटा
बेकाम भयभीत डर
यहं मरण की है घटा॥ 1॥
जाड़े से सिकुड़ा मनुष्य
लॉकडाउन संचारबन्दी
मृत्यु-सी कोरोना लहरें
साँसों को हुई है पाबन्दी॥ 2॥
साँसों की नलिकाओं में से
विषाणु जोड़ता है रिश्ता
मनुष्य प्राण है दुर्बल
स्वर फेफड़ों का गाता॥ 3॥
ये पौधों की खूनी आत्माएँ
आत्माओं की है शापित छाया
जीवनयापन की भीड़ में से
यह भीड़-सी मलीन काया॥ 4॥
काल की पिछली रात में
मन है बाघ लटकाता
मृत्यु के हैं झुंड के झुंड
मृत्यु शैया की आग मिटाते॥ 5॥
यह युग-युग की चलती रहती
सृष्टि के चक्र की फिरकी
कोई अद्वैत शक्ति का दाता
लेता मृत्यु की है फिरकी॥ 6॥

अनुवाद : सुनील बाबुराव कुलकर्णी
देशगव्हाणकर

देह हृदय का मन्दिर, साँस है परमेश्वर

देह हृदय का मन्दिर, साँस है परमेश्वर
साधे संवाद हृदय से, वहीं है सच्चा ईश्वर॥1॥
मन चन्द्रमा देह का, माता हृदय की अंबर
समरस अन्तरंग, होवे संवाद सुनकर॥ 2॥
मृदु-कोमल गर्भनाल, सुख न समाये पेट में
पंख पलक मिटते ही, दु:ख जमता ओठों में॥ 3॥
पुष्प नाजुक भावना, कली मन की कोमल
चले सांसों का सागर, भरे हृदय कोलहाल॥ 4॥
घाव अन्तर मन में, पड़ती दरारें हृदय को
शोक मन में विराजे, प्राण जलाए प्राणों को॥ 5॥
कहे हृदय से संवादी, मीठा गोंद न निकालकर
साध ममत्व का मर्म, पुनः हृदय चीर कर॥ 6॥
ऐसा कहकर चले, कलेजा सँभालकर
प्राण हृदय के साथ चलते, कैसे तोल-तोल कर॥ 7॥
हृदय से दुआ साधते, खेल चलता है मजे में
शुद्ध मन के तल पर, पंख मिटा कर एकान्त में॥ 8॥
मन-मन में नाचता, प्राण गहराई में जाकर
वेदना होते ही सीना, रुदन करे रो-रोकर॥ 9॥
करें संवाद हृदय से, देह मूल्यवान बचाए
शब्द अक्षर मिट्‌टी का, धन शरीर कमाये॥ 10॥

अनुवाद : सुनील बाबुराव कुलकर्णी
देशगव्हाणकर

श्रीधर नांदेडकर

श्रीधर नांदेडकर का जन्म 21 जुलाई, 1966 को हुआ है। सन् 1990 के बाद मराठी कविताओं के विकास-क्रम में इनका महत्त्वपूर्ण नाम है। वे मूलत: अंग्रेजी विषय के अध्यापक हैं। कला एवं वाणिज्य एवं विज्ञान कनिष्ठ महाविद्यालय, औरंगाबाद में वह अंग्रेजी विषय का अध्यापन कार्य करते हैं। सूफी प्रार्थनांच्या किना यावरुन (2005) और 'परतीचा रास्ता नाहीय' ये उनके दो प्रकाशित काव्य संकलन हैं। इसके अतिरिक्त 'भारुड' विशेषांक और 'वाचन' ग्रंथ का सम्पादन कार्य भी उन्होंने किया है। मराठवाड़ा शिक्षण प्रसारक मंडल द्वारा प्रकाशित 'आशय' के मुखपत्र का तथा मराठवाड़ा साहित्य परिषद द्वारा प्रकाशित द्वै-मासिक पत्रिका 'प्रतिष्ठान' का दीर्घ समय तक सम्पादन कार्य उन्होंने किया है। नवोदित कवियों की खोजबीन कर उन्हें निरन्तर प्रेरित एवं प्रोत्साहित कर उनकी कविताओं की सारगर्भित आलोचना करने का महत्त्वपूर्ण कार्य श्रीधर नांदेडकर जी ने किया है।

साहित्य अकादमी द्वारा प्रकाशित द्वै-मासिक पत्रिका 'इंडियन लिटरेचर' के लिए 'इक्कीसवीं सदी की मराठी कविता' इस विभाग का सम्पादन और उसके लिए उनकी अभ्यासपूर्ण भूमिका विशेष रूप से उल्लेखनीय है। इसके अतिरिक्त डॉ. भालचन्द्र नेमाडे, कवि तुलसी परब, डॉ. चन्द्रकान्त पाटील तथा डॉ. आसाराम लोमटे जैसे मराठी के सुप्रसिद्ध साहित्यकारों के साक्षात्कार भी उन्होंने लिए हैं। प्रथम विश्व मराठी साहित्य सम्मेलन सॅन होजे, अमेरिका में विशेष रूप से निमंत्रित कवि के रूप में उपस्थिति, साहित्य अकादमी, दिल्ली तथा मुम्बई में सक्रियता, भारत भवन, भोपाल के अतिरिक्त इन्दौर, नागपुर, डोंबिवली और सोलापुर में सम्पन्न अखिल भारतीय साहित्य सम्मेलन में उपस्थित रहकर आपने काव्य वाचन भी किया है। अनुवाद के क्षेत्र में नई पीढ़ी के हिन्दी रचनाकारों की कविताओं के मराठी अनुवाद में भी आप निरन्तर सक्रिय रहे हैं। मूल्य विघटन के इस दौर में अपना स्वत्व उजागर करते हुए इनसानियत के रूप प्रतिबद्ध उनकी कविता काा कवि यशवन्त पुरस्कार, नरहर कुरूंदकर

साहित्य पुरस्कार, उगवाई काव्य पुरस्कार, कवयित्री लिला धनपलवार विशेष काव्य पुरस्कार, धम्मपाल रत्नाकर स्मृति पुरस्कार, लोकमत साहित्य पुरस्कार, इसके अलावा अन्य महत्त्वपूर्ण पुरस्कारों से उन्हें गौरवान्वित किया गया है।

प्रस्तुत पाठ्य-पुस्तक में श्रीधर नांदेडकर जी की 'भूमिका' और 'वायलिन' ये दो मूल मराठी कविताएँ, जिसका सुनिता डागा ने हिन्दी अनुवाद किया है, संकलित की गई हैं।

कविता का आशय

प्रथम कविता 'भूमिका' में कवि ने पाठकों से कई सारे प्रश्न पूछकर क्या इसके सम्बन्ध में हमारी अपनी कोई भूमिका होती है? यह प्रश्न पूछा है। कवि एक लेखक और समीक्षक होने के कारण प्रश्नार्थक शैली में कविता को साकार करता हुआ दिखाई देता है। कवि सर्वसामान्य पाठकों को सम्बोधित करते हुए पूछता है कि जब भगदड़ मचती है तब क्या तुम छोड़ देते हो अपने हाथ की उंगली पकड़े हुए छोटे से बच्चे को? जब अचानक बिस्तर को आग लगती है तब बिस्तर पर पड़ी लड़की का क्या करते हो? दो दिन का मेमना जब गिर जाता है हौज में तब तुम्हारी अपनी क्या भूमिका होती है? कवि पूछता है कि जब जलाशय के स्वप्न में उजास भरने की खातिर पसीना चुहाते किसी इनसान को गाँव छोड़कर जाने के लिए कहा जाता है तब तुम्हारी क्या भूमिका होती है? तब कौन-कौन क्या-क्या करने की ठानता है? घर का बूढ़ा आदमी खाली आँख से चुपचाप ताकता रहता है दिन-दिनभर चारों ओर तब हम क्या करने वाले होते हैं? जिसे मैं अपनी ताकत मानते हूँ और दुनिया जिसे मेरी कमजोरी मानती है उस आत्मीय भेंट को अलापती कविता धुआँ और जहर घुली इस हवा में सांसों की खातिर तड़प रही होती है। तब ऐसे में क्या करना तय कर रहे हैं समस्त कविगण? कविता की अन्तिम पंक्तियों में कवि दृढ़ संकल्प लेकर शपथपूर्वक कहता है कि हाथ का बच्चा, बिस्तर की लड़की, मेमना, गाँव की खातिर तालाब खोदता युवा, मौत की राह देखता बूढ़ा, दम तोड़ती कविता इन सबकी उंगली थामे मैं रहूँगा। प्रस्तुत कविता के माध्यम से कवि यही कहना चाहता है कि प्राय: विपरीत परिस्थिति उत्पन्न होने पर या संकट की घड़ी में, दुःख की अवस्था में कोई साथ नहीं देता है। वास्तव में ऐसा नहीं करना चाहिए। सुख में तो कोई भी साथ देता है, आवश्यकता तो तब अधिक होती जब मनुष्य विपरीत स्थिति में फँस गया हो।

दूसरी कविता 'वायलिन' के माध्यम से उन्होंने पुरानी स्मृतियों की गंध को मनुष्य कैसे सुगंधित करता रहता है इसका चित्रण किया है। कवि के मतानुसार मौत का

विचार छुपाने की चेष्टा में अन्य भाषाओं का सहारा लेने वाला इनसान नहीं छुपा पाता अपने हाथों का कम्पित होना। कवि को पता है कि पसीने की इतनी भर कमाई से वह नहीं लगा पाएगा पैबन्द अपने सपनों को इसलिए वह अपने पीछे एक वायलिन छोड़कर जाना चाहता है। ऐसा कहते समय उसकी आँखे डबडबा जाती हैं। जब मनुष्य अकेला होता है तब बहुत थक जाता है। दु:ख का पुनर्जन्म देखने की खातिर मनुष्य कोई वायलिन की धुन तलाशता है। चिड़ियों के जंगल से चले जाने के बाद पीछे जरूरत होती है एक लोरी की। चूँ-चूँ जैसे एक शब्द की भाषा पर परिंदे अपना समूचा जीवन साझा कर देते हैं। किसी एक के भी मरने के उपरान्त सभी नि:शब्द हो जाते हैं, सभी की वाणी जम जाती है। पूरी उम्र बिना बजी हुई एक वायलिन बजती है पीछे। फिर भी झंकारता रहता है उसमें किसी इनसान का मन जो चाहता है इनसानों के समुंदर में डूबकर हो अपनी मौत। हमें टोह लेते आना चाहिए मृत्यु की परछाईं का। जिस किसी के कदमों से लिपटेगी वह उस खिसक लेने वाले इनसान के लिए खोजनी पड़ती है किसी अन्य भाषा की धुन।

भूमिका

जब भगदड़ मचती है तब
क्या तुम छोड़ देते हो
हाथ के बच्चे को?
जब लगती है आग तब
क्या करते हो बिस्तर पर पड़ी लड़की का?
दो दिन का मेमना
गिर जाता है हौज में
तब?
जलाशय के स्वप्न में
उजास भरने की खातिर
पसीना चुहाते किसी इनसान को
कहा जाता है गाँव छोड़कर जाने के लिए
तब कौन-कौन क्या-क्या करने की ठानता है?
घर का बूढ़ा आदमी
खाली आँख से चुपचाप
ताकता रहता है
दिन-दिन भर
चारों ओर
तब हम क्या करने वाले होते हैं?
जिसे मैं अपनी ताकत मानता हूँ
और यह दुनिया कमजोरी
वह आत्मीय भेंट को अलापती कविता
धुआँ और जहर घुली इस हवा में
साँसों की खातिर तड़प रही है
ऐसे में क्या करने को तय कर रहे हैं समस्त कविगण?

हाथ का बच्चा
बिस्तर पर की लड़की
मेमना
गाँव की खातिर तालाब खोदता युवा
मौत की राह देखता बूढ़ा
दम तोड़ती कविता
सौंगध से कहता हूँ
मैं थामे रहूँगा
हर एक की उँगली।

अनुवाद : सुनीता डागा

वायलिन

मौत का विचार छुपाने की चेष्टा में
अन्य भाषा की आहट लेने वाला इनसान
नहीं छुपा पाता है
अपने हाथों का कम्पित होना
पसीने की इतनी भर कमाई से
नहीं लगा पाऊंगा पैबन्द तुम्हारे सपनों को
इसलिए
छोड़कर जाना चाहता हूँ मैं
अपने पीछे एक वायलिन
यह कहने पर
डबडबा जाती हैं उसकी आँखें
बहुत थक जाता है
अकेला होने पर इनसान
दु:ख का पुनर्जन्म देखने की खातिर
कोई धुन तलाशता है इनसान
चिड़िया के जंगल में चले जाने के बाद
पीछे जरूरत होती है एक लोरी की
चूजों को
इसलिए फिर नसीब होता है
यह दर-दर का भटकाव
हर किसी के
चूँ-चूँ जैसे
एक शब्द की भाषा पर
समूचे जीवन के सुख-दु:ख को
साझा करते हैं परिंदे

उनके कोलहाल का
एक ही अर्थ एक समय में
किसी एक के भी मरने से
जम जाती है सभी की वाणी
एक वायलिन बजती है पीछे
पूरी उम्र बिना बजी हुई
फिर भी झंकारता रहता है उससे
किसी इनसान का मन
जो चाहता है
इनसानों के समुंदर में डूबकर
हो अपनी मौत
हमें टोह लेना आना चाहिए
मृत्यु की परछाईं का
जिस किसी के कदमों से लिपटेगी वह
उस खिसक लेने वाले इनसान के लिए
खोजनी होगी किसी अन्य भाषा की धुन।

अनुवाद : सुनीता डागा

दासू वैद्य

दासू वैद्य जी का जन्म दिनांक 10 दिसम्बर, 1967 को हुआ है। इनका बाल्यकाल नांदेड़ जिले के मुदखेड गाँव में बीता। पाठशालीय जीवन से ही उन्होंने ग्राम्य जीवन का बारीकी से सूक्ष्म निरीक्षण किया है। गणित जैसे जटिल विषय के साथ अधिक समय तक जुड़े रहना उन्हें सम्भव नहीं हुआ किन्तु बाल्यकाल से ही बहुत सारी कविताएँ उन्होंने कंठस्थ की थीं। माँ, पिताजी और भैया ने बचपन से ही तुम्हें जो पसन्द है वह करो ऐसी स्वतंत्रता दी। इस कारण एक सीमा में रहकर भी मैंने विमुक्त होकर सब कुछ प्राप्त करने का प्रयास किया; ऐसा उनका अपना मानना है।

प्राथमिक और महाविद्यालयीन शिक्षा नांदेड़ में ही पूर्ण करने के बाद स्नातकोत्तर शिक्षा ग्रहण करने हेतु वे डॉ. बाबासाहब आंबेडकर विश्वविद्यालय, औरंगाबाद में आए। विश्वविद्यालय से पी-एच.डी. तथा डॉ. की उपाधि पाकर वे बद्रीनारायण महाविद्यालय, जालना में मराठी के अध्यापक के रूप में कार्यरत हुए। वर्तमान में वे डॉ. बाबासाहब आंबेडकर विश्वविद्यालय, औरंगाबाद के मराठी विभाग में प्रोफेसर एवं विभागाध्यक्ष के रूप में कार्यरत हैं।

दासू वैद्य सन् 1987 से विविध मासिक, द्वैमासिक पत्रिकाओं में नियमित और निरन्तर लेखन कार्य करते रहे हैं।

महाराष्ट्र की अनेक बहु-प्रतिष्ठित एकांकी प्रतियोगिताओं में उनके द्वारा लिखित एवं दिग्दर्शित एकांकी का प्रस्तुतीकरण हुआ है। साहित्य अकादमी, नई दिल्ली द्वारा नव लेखकों को दी जाने वाली फेलोशिप भी उन्हें प्राप्त हुई है। अकादमी द्वारा आयोजित अनेक राष्ट्रीय काव्य महोत्सवों में उन्होंने अपना काव्य पाठ प्रस्तुत किया है। उनकी मूल मराठी में लिखित कविताओं के हिन्दी, अंग्रेजी, मल्याळम, तेलुगू और उर्दू भाषाओं में अनुवाद हुए हैं। अल्फा गौरव सम्मान, म.टा. सम्मान और महाराष्ट्र शासन द्वारा दिए जाने वाले अनेक पुरस्कार उन्हें प्राप्त हुए हैं। मराठी के सुप्रसिद्ध साहित्यकार एवं नाटककार विजय तेंडुलकर ने दासू वैद्य जी द्वारा लिखित बाल कविताओं का मंचीय प्रस्तुतीकरण किया है। दासू वैद्य जी ने अनेक मराठी धारावाहिकों की पटकथाएँ लिखी हैं तथा अनेक मराठी चित्रपटों के गीत लेखन का

कार्य भी किया है। उनकी अब तक तीन पुस्तकें प्रकाशित हैं। जिनमें तूर्तास मराठी काव्य संकलन (2003), कवितेचा बाल काव्य संकलन जुलाई (2009), भूर्र बाल साहित्य, आजू-बाजू ला, मेळा आदि ललित लेख संकलन प्रमुख हैं।

उनकी कविता इर्द-गिर्द के परिवेश से मिलती-जुलती है। विसंगति और विरोध ये उनके कविता के मूलभूत आधार स्तम्भ माने जाते हैं।

दासू वैद्य जी की मूल मराठी की दो कविताओं का हिन्दी अनुवाद निशिकान्त ठकार ने किया। एक 'राजघाट' और 'दूसरी सुनता रहता हूँ'। दोनों प्रस्तुत पाठ्य-पुस्तक में संकलित हैं।

कविता का आशय

प्रथम कविता 'राजघाट' में कवि ने राजघाट पर मरने वाले लोगों की मृत्यु पश्चात् की स्थिति को और सामान्य आम आदमी के मृत्यु के उपरान्त की स्थिति को व्यंग्यात्मक शैली में अभिव्यक्त किया है। कवि का यह मानना है कि जो राजघाट पर मुकाम के लिए जा पहुँचते हैं उनकी देह की पार्थिवता को तामझाम दिया जाता है। उनके स्वास्थ्य के उँच-नीच होने की खबरें छापने के लिए समाचार-पत्रों में एक कोना सुरक्षित रखा जाता है। ऐसा आभासी चित्र प्रस्तुत किया जाता है कि उनकी मृत्यु के उपरान्त निर्माण हुए खालीपन को मानो कभी भी भरा जाना सम्भव नहीं है। उनके स्मरण में राष्ट्रीय प्रसारण में शोक की धुन बजती है, तब शासकीय सम्मान के साथ उनकी चिता को चन्दन पर रखकर उनके पार्थिव को अग्निदाह किया जाता है। उनके लिए सर्वधर्मीय की ओर से प्रार्थना के अम्बार लगते हैं, उन प्रार्थनाओं के स्वर ऊपर आकाश में ऊँचे चढ़ते जाते हैं। कवि कल्पना करता है कि चन्दन की चिता पर जलने का मजा ही कुछ और होता होगा! और हम हैं कि हमें कंधा देने वालों के लिए बोझ बन जाते हैं। राजघाट होता है हमारा हमारे गाँव की नदी किनारे स्थित श्मशान! हमारे पार्थिव शरीर को जलाने के लिए न कोई चन्दन की लकड़ियाँ लाता है और न ही कोई सर्वधर्मीय प्रार्थना करता है; और न बजती है हमारे शोक में राष्ट्र भर में कोई धुन लेकिन कवि अन्त में व्यंग्य शैली में कहता है कि जिस दिन हमारी मतलब सामान्य आम आदमी की मृत्यु हो जाती है उस दिन गोठे में स्थित गाय भी अपने चारे से अपना मुँह फेर लेती है। बस फर्क इतना ही होता है राजघाट पर मरने वालों और हम जैसे आम आदमी की मृत्यु में।

दूसरी कविता 'सुनता रहता हूँ' में कवि ने सुनने और सुनाने की संस्कृति पर व्यंग्यात्मक प्रहार किया है। एक जन मान्यता का सन्दर्भ लेकर कवि अपनी कविता लिखना आरम्भ करता है। अपने बचपन की बातों का स्मरण करते हुए कवि कहता

है कि जब मैं दुधमुँहेपन में था तब झुनझुने की आवाज सुनकर गर्दन को इधर उधर घुमा देता था। तब एक ओर बड़े-बुजुर्गों के मुँह से मेरे लिए शाबाशी के स्वर उभर आते और दूसरी ओर मेरे मुँह से लगातार लार बहती रहती। तब आवाज की दिशा में गर्दन फेरने की मेरी कला सबके लिए एक अजूबा बन जाती। सबकी राय थी कि बड़ा हो जाने पर मैं बहुत बड़ा बन जाऊँगा। लेकिन यह जन मान्यता वास्तविक सत्य नहीं थी। सत्य बात तो यह थी कि कानों के रास्ते भीतर तक पहुँची झुनझुने की तलवे की छुअन मुझे बिलकुल ही सुनाई नहीं देती इसलिए मैं ऐसा करता रहता। लेकिन कालान्तर बाद वह जन मान्यता एक परम्परा-सी बन गई है। इसी परम्परा के तहत बड़ा हो जाने के उपरान्त अब कवि भी परम्परागत झुनझुने को अपने छोटे मुन्ने के सामने बजा देता है तब मुन्ना भी आनुवंशिकता के कारण गर्दन को घुमाता है इधर से उधर। कवि को लगता है कि उसका मुन्ना भी बड़ा होने पर बहुत बड़ा बन जाएगा और सुनने की संस्कृति का वाहक बन जाएगा। कवि कहता है कि मैं चुपचाप सुनने की संस्कृति का चेला बन जाता हूँ और बादलों का टकराना सुनता हूँ, समुंदर की लहर को सुनता हूँ, स्टोव की भर्र-भर्र को सुनता हूँ, पाखाने के पात्र में कल-कल बहने वाले पानी की आवाज को सुनता हूँ, दादी के खर्राटों की आवाज, तापस की मेहनतकश आवाज जैसे लगती है मुझे। रात में सहसा जाग पड़ता हूँ तब पीपल की सरसराहट से दोनों कान लबालब भर जाते हैं मेरे। पुराने दरवाजे का चरमराना मुझे ले जाता है आदिम युग में, चारों ओर तितलियों की तरह उड़ने वाली समागमी गालियों को सुनकर मुझमें होता नहीं है किसी भी तरह का कोई उद्दीपन। मैं सुनता हूँ रेल की छुक-छुक को, दरवाजे की खटखट को, सब्जी वाले की पुकार को और सुनता हूँ, माशूका की कानाफूसी को। राष्ट्र के नाम सन्देश सुनता हूँ, वक्त निकालकर चौराहे के झगड़े को सुनता हूँ, आदमी के खो जाने की उद्घोषणा को सुनता हूँ, किसी अस्पताल में आसन्न मरण मरीज के लिए खून चाहिए का आवाहन सुनकर मेरा खून सहमे हुए साँप की तरह मुँह चुराने लगता है, दरवाजे के नीचे से अखबार के जमीन पर रेंगते हुए आने को मैं सुनता हूँ ऐसे मैं सुनता हूँ जैसे मानो मैं सुन रहा हूँ; सुनता ही रहता हूँ। अन्ततः गाँव के बाहर की टिन के शेड़ के नीचे जलती लकड़ियों के बीच मुझे अकेला छोड़कर जब सब लोग चले जाते हैं, तब मैं अपनी खोपड़ी के फट जाने को भी सुनता हूँ। प्रस्तुत कविता के माध्यम से कवि ने उन तमाम बातों को सुनने की सलाह दी है जिन्हें हम प्रायः अनसुना कर देते हैं, या फिर गौर से उसकी ओर ध्यान ही नहीं देते।

राजघाट

राजघाट पर मुकाम के लिए जो पहुँच जाते हैं
उनकी देह की पार्थिवता को तामझाम दिया जाता है
उनके स्वास्थ्य के ऊँच-नीच होने की खबर के लिए
समाचार-पत्रों में एक कोना सुरक्षित रखा जाता है
उनकी मृत्यु से उत्पन्न खालीपन को
कभी भरा नहीं जा सकता,
राष्ट्र शोक करता है
राष्ट्रीय प्रसारण में शोकाकुल धुन
बजती है तब
चन्दन की चिता पर उनकी देह को
शासकीय सम्मान के साथ रखा जाता है,
सर्वधर्मीय प्रार्थनाओं के अम्बार
ऊपर अम्बर में ऊंचे चढ़ते जाते है
कुछ भी कहिए...
चन्दन की चिता पर जलने का
मजा कुछ और ही होता है
और हम हैं कि कन्धा देने वालों के लिए भी
भारी बोझ़ बन जाते हैं,
राजघाट होता है हमारा
अपने गाँव की नदी का किनारा
हाँ, चन्दन की लकड़ियाँ नहीं होती हैं हमारे लिए
न होती है सर्वधर्मीय प्रार्थनाएँ
और बजती भी नहीं कोई शोक जैसी धुन
लेकिन उस दिन
गोंठ की चन्दरी गाय
मुँह फेर लेती है चारे से,
बस इतना ही!

अनुवाद : निशिकान्त ठकार

सुनता रहता हूँ

अपने दुधमुँहेपन में
झुनझुने की आवाज सुनकर, कहते हैं
कि मैं गर्दन को इधर-उधर घुमा देता था
बड़े-बुजुर्गों के मुँह से शाबाशी
और मेरे मुँह से
लार लगातार बहती रहती थी तब,
आवाज की दिशा में गर्दन फेरने की
मेरी कला सबके लिए अजूबा थी
सबकी राय थी
कि बड़ा हो जाने पर मैं बहुत बड़ा बन जाऊँगा,
लेकिन सच बात तो यह थी
कि कानों के रास्ते भीतर तक पहुँची
झुनझुने के तलुओं की छुवन
मुझे बिलकुल ही याद नहीं आती,
फिर भी,
अब मैं परम्परा के झुनझुने को
छोटे मुन्ने के सामने बजा देता हूँ
मुन्ना भी आनुवंशिकता से
गर्दन को घुमाता है इधर-उधर
मैं सोचता हूँ
बेटा बड़ा हो जाने पर बहुत बड़ा हो जाएगा,
सुनने की संस्कृति का
मैं एक चुपचाप चेला बन जाता हूँ
बादलों का टकराना सुनता हूँ
समुंदर की लहर को सुनता हूँ
स्टोव की भर्ररऽ को सुनता हूँ
पाखाने के पात्र में

खलखल बहने वाले पानी की आवाज को सुनता हूँ
दादी के खर्राटों की आवाज
तापस की मेहनतकश आवाज जैसी लगती है मुझे,
रात में सहसा जाग पड़ता हूँ तब
पीपल की सरसराहट से
दोनों कान लबालब भर जाते हैं,
पुराने दरवाजे का चरमराना
मुझे ले जाता है आदिम युग में,
चारों ओर तितलियों की तरह उड़ने वाली
समागमी गालियों को सुनकर
मुझमें होता नहीं है किसी भी तरह का कोई उद्दीपन,
मैं रेल की छुकछुक को सुनता हूँ
दरवाजे की खटखट को सुनता हूँ
सब्जीवाले की पुकार को सुनता हूँ
और सुनता हूँ माशूका की कानाफूसी को
राष्ट का नाम सन्देश सुनता हूँ
वक्त निकालकर चौराहे के झगड़ों को सुनता हूँ
आदमी के खो जाने की उद्घोषणा को सुनता हूँ
किसी अस्पताल में आसन्नमरण मरीज के लिए
खून चाहिए का आवाहन सुनकर
मेरा खून सहमे हुए साँप की तरह मुँह चुराने लगता है
दरवाजे के नीचे से अखबार के
जमीन से रेंगते हुए आने को मैं सुनता हूँ,
मैं सुनता हूँ
जैसे मानो मैं सुन रहा हूँ
सुनता ही रहता हूँ
अन्ततः
गाँव के बाहर टिन की शेड़ के नीचे
जलती लकड़ियों के बीच
मुझे अकेला छोड़कर सब चले जाते हैं
तब मैं खोपड़ी के फट जाने को भी सुनता हूँ।

अनुवाद : निशिकान्त ठकार

प्रिया धारूरकर

प्रिया धारूरकर जी का जन्म दिनांक 06 अक्टूबर, 1970 को हुआ है। एम.एससी. प्राणीशास्त्र तक उन्होंने अपनी शिक्षा पूरी की है। वर्तमान में वह विभिन्न प्रतियोगी परीक्षाओं का आयोजन कर मार्गदर्शन करती हैं। एक साहित्यिक एवं कवयित्री के रूप में समकालीन मराठी कविता में उनकी विशेष पहचान है।

स्वामी रामानन्द तीर्थ मराठवाड़ा विश्वविद्यालय, नांदेड़ के स्नातक स्तरीय पाठ्यक्रम के प्रथम वर्ष में उनकी कविताओं का समावेश किया गया है। मराठी भाषा के संरक्षण एवं संवर्धन हेतु आयोजित 'ऐसी अक्षरे रसिके मेळविन', 'अनादि मी अनन्त मी' इस स्वातंत्र्य वीर सावरकर जी के साहित्य पर आधारित अभ्यासपूर्ण कार्यक्रम का लेखन एवं प्रस्तुतीकरण उन्होंने किया है। इसके अतिरिक्त 'मुक्त सृजन' इस त्रैमासिक पत्रिका का अतिथि सह सम्पादक के रूप में भी उनका अपना मौलिक योगदान रहा है।

उनके द्वारा प्रकाशित साहित्य कृतियों में विदेही, अंगभरून वाहणा-या पान्ह्यातून ये दो काव्य संकलन, घन दाटले स्वर यह ललित लेख संकलन प्रमुख हैं। इसके अतिरिक्त विविध साहित्य पत्रिकाओं के लिए तथा दीपावली विशेषांकों के लिए वे कविता, कथा, काव्य समीक्षा, ललित लेख आदि साहित्य की विविध विधाओं में लेखन कार्य करती रहती हैं।

कमला नारायण प्रकाशन की ओर से ज्येष्ठ कवयित्री इन्दिरा संत की जन्मशताब्दी निमित्त प्रकाशित 'शत् तारका : 800 वर्ष की 100 से अधिक कवयित्रियों की कविता' इस काव्य संकलन में इनकी कविताओं का समावेश किया गया है।

इसके अतिरिक्त तीन प्रातिनिधिक हायकू संग्रह में उनके द्वारा लिखित हायकू प्रकाशित है। उनके दो काव्य संकलन प्रकाशनाधीन हैं। उन्होंने पुण्यनगरी दैनिक समाचार-पत्र में लगभग ढाई वर्ष तक और दैनिक लोकमत समाचार-पत्र के लिए लगभग आठ-नौ माह तक स्तम्भ लेखन का कार्य किया है। इसके अलावा नाट्यलेखन, अभिनय, श्रीमती औरंगाबाद 2006, श्रीमती महाराष्ट्र मानांकन 2006 ये अन्य कार्य भी विशेष रूप से उल्लेखनीय माने जाते हैं।

अब तक के साहित्यिक योगदान को ध्यान में रखते हुए उन्हें निम्न साहित्य पुरस्कारों से भी सम्मानित किया है—कवि कुसुमाग्रज पुरस्कार, नाशिक, यशवन्तराव चव्हाण साहित्य पुरस्कार, पुणे, जीवन विकास पुस्तकालय द्वारा दिया जाने वाला सावित्रीबाई जोशी पुरस्कार, औरंगाबाद, पेठशिवणी-शेतशिवार पुरस्कार, सुजाता पात्रेकर पुरस्कार, डोंबीवली, साहित्य साधना पुरस्कार, उदगीर, क्रान्ति ज्योति सावित्रीबाई फुले काव्य रत्न पुरस्कार, निगडी लोकमत सखी मंच मराठवाड़ा, महाराष्ट्र साहित्य पुरस्कार-2017 आदि प्रमुख हैं। विभिन्न साहित्य सम्मेलनों में निमंत्रित कवयित्री के रूप में उन्हें बुलाया जाता है। वर्तमान में वह आकाशवाणी केन्द्र के लिए गीत लेखन का कार्य करती हैं।

इस पाठ्य-पुस्तक में प्रिया धारूरकर की दो कविताएँ संकलित की गई हैं। एक 'बिना नमक' और दूसरी 'जादूगर'।

कविता का आशय

प्रथम कविता 'बिना नमक' एक प्रतीकात्मक कविता है, जिसमें कवयित्री ने परम्परा और संस्कृति को अभिव्यक्ति दी है। वार्तालाप शैली में लिखी इस कविता में कवयित्री अपने आप को प्रियकर मानकर अपनी प्रेयसी से सम्भाव्य बातों के सन्दर्भ बातें करते हुए कहती है कि एक दिन नदी को पार करते अचानक तुम्हें नदी किनारे पर स्थित नमक एकत्रित करने का मोह हुआ जो मीठा था। कवयित्री आश्चर्यचकित होकर अपने प्रेयसी को बीच बातों में टोक कर कहती है कि "नदी के तट पर नमक नहीं होता/और/यदि वह मीठा है तो वह नमक नहीं होगा।" तब प्रियकर उसे बताता है कि "हम सम्भाव्य बातों को लेकर बातें कर रहे हैं और सम्भावना यही है कि नदियों के किनारे मीठे होते हैं नमक मीठा ही होता है। समंदर उसे नमकीन बनाता है क्योंकि समंदर काल के अस्तित्व को सँभालता है, काल परम्परा को सँभालता है, परम्परा नमक से बेईमानी नहीं करती और न मैं तुमसे।" ऐसा कहने के उपरान्त तुम किनारे की शरण में गईं। बाद में उसके बहुत दिनों के बाद जब नमक महँगा हुआ, तब जब कवयित्री संस्कृति को खोजने लगती है। तब उसे इस बात का एहसास होता है कि संस्कृति अन्तर्मुखी अवस्था में चली गई है। फिर बाद में कवयित्री धूसर हुई और महँगे नमक पर कविताएँ लिखने लगी।

दूसरी कविता 'जादूगर' में कवयित्री ने स्वयं को कविता के रूप में सम्बोधित करते हुए उसके जीवन में प्रथम पुरुष, प्रधान पुरुष और पर पुरुष के सह अस्तित्व का क्या प्रभाव उत्पन्न होता है, उसका एक तुलनात्मक विवरण प्रस्तुत किया है। कवयित्री ने शीशे की प्रतिमा का प्रयोग कर दोनों के सह अस्तित्व का सुन्दर वर्णन किया है।

जब प्रथम बार वह शीशे के उस पार देखती है तो उसे प्रथम वह पुरुष दिखाई देता है जो उसे परम्परा स्वरूप प्राप्त हुआ है। उसका सान्निध्य पाते ही कवयित्री अनुभव करती है कि न जाने किन-किन जिम्मेदारियों से वह त्रस्त है, कर्तव्य से पस्त है, अस्वस्थ और निर्बल-सा दिखाई देता है, जो उससे कभी भी प्रेम न कर सकने वाला है, चिढ़ को भीतर ही भीतर पालने वाला है, संसार को पीठ पीछे लगाने वाला और उसके सपनों की ओर जरा-सा भी ध्यान न देने वाला है। परम्परागत रूप से विवाहित लगभग प्रत्येक स्त्री के जीवन में प्रवेशित प्रथम पुरुष अधिकतर प्राय: ऐसे ही होता है, जो जीवन की आपाधापी में रोजगार की, घर-गृहस्थी की चिन्ता में अपनी पत्नी की ओर ध्यान ही नहीं दे पाता। उसके सपनों को समझकर उसे बुनना, प्रत्यक्ष साकार करना तो दूर की ही बात है। पुन: शीशे के उस पार देखने पर उसे पर पुरुष दिखाई देता है जो परिवर्तित, संवेदनशील, काला-साँवला, चिर-परिचित, प्राचीन उन्मनी गंध ओढ़ने वाला पूर्ण पुरुष है। जो वास्तव में पर पुरुष कविता को अपेक्षित उसकी गहरी आगोश में स्थित, उसकी सांसों में स्थित, उसे क्या चाहिए वह जानने वाला है, उसकी हुंकार को प्रतिसाद देने वाला है, आँखों में स्थित भाव चित्र लिपि में साकार करने वाला है, अकृत्रिम स्नेह पंक्ति दर पंक्ति उँडेलने वाला है; वास्तव में वही उसका प्रधान पुरुष है।

स्वाद के अनुसार नमक भुरभुराने वाला, उसकी बौद्धिक तृष्णा होने वाला, बुझाने वाला, विलक्षण आसक्ति और विरक्ति के परे एक अलग ही अलौकिक राहों पर तृप्त-परितृप्त। सम्पूर्ण कविता को पढ़ते समय ऐसा लगता है एक उसका वास्तव है और दूसरा उसकी कल्पना। वास्तव या यथार्थ की अपेक्षा वह कल्पना के साथ समरस होकर, तृप्त-परितृप्त होकर अपना जीवन निभाना चाहती है। यही उसकी अन्तरिक इच्छा है और यह इच्छा मात्र कवयित्री की अपनी नहीं बल्कि भारतवर्ष में स्थित अधिकतर विवाहिता स्त्रियों की भी लगती है।

मुझे लगता है प्रस्तुत कविता के माध्यम कवयित्री ने स्त्री की अन्तरिक इच्छा को अभिव्यक्ति दी है, जिसे जानकर-समझकर पुरुषों को उसके साथ बर्ताव करना चाहिए।

बिना नमक

सम्भाव्य बातों के सन्दर्भ में हम बात कर रहे थे
तुम ने कहा
नदी को पार करते समय
तुम्हें तट पर स्थित नमक जमा करने का मोह हुआ
जो मीठा था
आश्चर्य से अकस्मात् तुम्हें बीच में टोक कर मैंने कहा
नदी के तट पर नमक नहीं होता
और
यदि वह मीठा है तो वह नमक नहीं होगा
तुम ने दिल की गहराईं से कहाँ
एक तो हम सम्भाव्य बातों के सन्दर्भ में बोल रहे हैं
और सम्भावना यही है कि
नदियों के किनारे मीठे होते हैं
नमक मीठा ही होता है
समंदर उसे नमकीन बनाता है
क्योंकि समंदर काल के अस्तित्व को सँभालता है
काल परम्परा को सँभालता है
परम्परा नमक से बेईमानी नहीं करती
और ना मैं तुम से।
ऐसा कहते हुए तुम नमक किनारे के शरण में गईं
बाद में नमक बहुत महँगा हुआ।
बाद में
मैं खोजने लगा संस्कृति

जो अन्तर्मुखी अवस्था में दिखाई दी
फिर मैं धूसर हुआ
और अब कविता लिखने लगा हूँ रोटी पर
बिना नमक!

अनुवाद : सुनील बाबुराव कुलकर्णी
देशगव्हाणकर

जादूगर

उसकी नजरों में घुली-मिली सूरज की प्रथम किरण
वह पी लेती है
सँभालती है
ऋतुओं का गर्भ अपनी कोख में
कविता को वह आवश्यक है इसलिए
उसके अस्तित्व की लिख रही थी यह कविता।
उसके भीतर के रसायन से साकारती हूँ रक्त कमल
और रखती हूँ शीशे पर।
शीशा जब परिवर्तित होने लगता है तब
प्रत्येक पंखुड़ी अलग
अलग ही
शीशे के पार उसे दिखाई देता है
उसका पुरुष
उसका प्रथम पुरुष
न जाने किन-किन जिम्मेदारियों से त्रस्त
कर्तव्य से पस्त
अस्वस्थ
निर्बल
कभी भी प्रेम न कर सकने वाला
चिढ़ को भीतर ही भीतर पालने वाला
संसार को पीठ पीछे लगाने वाला
उसके सपनों को न देखने वाला
परन्तु शीशे के पार
परिवर्तित
संवेदनशील

काला-साँवला
चिर-परिचित प्राचीन उन्मनी गंध ओढ़ने वाला
पूर्ण पुरुष
जो वास्तव में पर पुरुष
कविता को अपेक्षित
उसकी गहरी आगोश में स्थित
उसकी सांसों में स्थित
उसे क्या चाहिए वह जानने वाला
उसकी हुंकार को प्रतिसाद देने वाला
आँखों में स्थित भाव चित्रलिपि में
साकारने वाला
अकृत्रिम स्नेह पंक्ति दर पंक्ति उँडेलने वाला
प्रधान पुरुष
स्वाद के अनुसार नमक भुरभुराने वाला
उसकी बौद्धिक तृष्णा होने वाला
बुझाने वाला
विलक्षण
आसक्ति और विरक्ति के परे
एक अलग ही अलौकिक राहों पर तृप्त-परितृप्त।

अनुवाद : सुनील बाबुराव कुलकर्णी
देशगव्हाणकर

श्रीकान्त उमरीकर

श्रीकान्त अनन्त उमरीकर जी का जन्म 06 जनवरी, 1971 को हुआ है। बी.ई. इलेक्ट्रिकल्स की उपाधि प्राप्त करने के बाद इन्होंने अपना पुस्तक प्रकाशन का व्यवसाय आरम्भ किया। किसान आन्दोलन, जनशक्ति वाचक आन्दोलन आदि आन्दोलनों में उनकी सक्रिय सहभागिता रही है। इनकी प्रकाशित ग्रंथ सम्पदा निम्नलिखित है :

दोन शब्दांमध्ये (कविता), समग्र बी. रघुनाथ (चार खंड सम्पादन), समग्र डॉ. ना.गो. नांदापुरकर (दो खंड सहसम्पादन), बी. रघुनाथ इनका वाङ्मय : एक परिसंवाद (सम्पादन)। ब्लॉग : क्वेस्ट फॉर फ्रीडम पर यह सन् 2011 से नियमित लेखन कार्य करते हैं। उस पर अब तक उनकी कुल 800 पोस्ट प्रकाशित हो गई हैं। 'उसंतवाणी' इस उपनाम से यह राजनीतिक, सामाजिक व्यंग्य अभंग के रूप में रूपान्तरित कर प्रकाशित करते रहे हैं। इनकी साहित्य सक्रियता को ध्यान में रखते हुए इन्हें लोकमत युवा पुरस्कार से सम्मानित किया गया है।

प्रस्तुत पाठ्यपुस्तक में श्रीकान्त उमरीकर जी की दो कविताएँ—'एक, दरवाजा तो खोलो जरा' और दूसरी 'द्वीपों का मन्दिर' इस पाठ्य-पुस्तक में संकलित हैं।

कविता का आशय

प्रथम कविता 'दरवाजा तो खोलो जरा' में कवि ने आधुनिक महानगरीय जीवन की त्रासदी को व्यक्त करते हुए दिन-ब-दिन संकीर्ण होते मानवीय सम्बन्धों और असंवेदनशीलता को उजागर किया है। महानगरीय जीवन में एक-दूसरे का मिलना-जुलना, एक-दूसरे के घर आना-जाना कितना दुष्कर कार्य हो गया है, उस पर प्रकाश डालते हुए जीवन जीने के लिए सिर्फ ऑक्सीजन ही पर्याप्त नहीं है तो मानवीय रिश्तों का निर्वहन भी कितना आवश्यक है इसका एहसास जगाने का प्रयास किया है। कविता का शीर्षक 'दरवाजा तो खोलो जरा' इसमें एक जबरदस्त उपहास या व्यंग्य दिखाई देता है।

दूसरी कविता 'द्वीपों का मन्दिर' में कवि ने जिसे वाराणसी, काशी या बनारस के नाम से जाना जाता है और जो एक पवित्र तीर्थ स्थल के रूप में सुप्रसिद्ध है; उसके

ऐतिहासिक वैभव और सम्पन्नता को उसकी सुन्दरता, मनमोहकता और आकर्षकता को कविता में व्यक्त किया है। जमाना बदल गया है, रीति-रिवाज, चाल-चलन, सम्बन्ध-रिश्ते सब कुछ तेजी से बदल रहा है परन्तु इस बनारस शहर की फितरत में उसकी शालीनता, भव्यता, दिव्यता और महानता में यत्किंचित भी परिवर्तन नहीं हुआ है। कवि को लगता है कि बनारस विधाता का एक सुन्दर सपना है। स्वर्ग को भी यह लजाता है, पुनर्जन्म पर विश्वास रखने वालों को लगता है कि यहाँ मरने के उपरान्त स्वर्ग की प्राप्ति होती है यह रंग-बिरंगे आश्चर्य का मन्दिर है, यहाँ के वसंत में बारह माह फलने-फूलने की क्षमता है, यहाँ शरद ऋतु चन्दन का टीका बनकर आती है और यहाँ की हवा सदैव लहराती है फुलहरे जनेऊ को, यहाँ की सुनहरी धूसर संध्या स्वर्ग की पलकों में स्थित कुंकुम की तरह लगती है। पैगम्बर को दिखाई देने वाले दिव्य प्रकाश से निर्मित हैं यहाँ की मूर्तियाँ, पूर्व क्षितिज पर जब यहाँ सूरज-चाँद टहलते हैं तब यह काशी अतीव सुन्दर लगती है। यह नगरी विधाता का सुन्दर कलेजा और वतन है। इस पर न जाने कितने आक्रमण हुए परन्तु बावजूद उसके उसका पतन नहीं हो पाया। यह इस बात का परिचायक है कि यह बनारस शहर कालजयी और भारत की धार्मिक और सांस्कृतिक धरोहर है।

प्रस्तुत कविता गालिब की फारसी कविता का निशिकान्त ठकार ने जो मराठी रूपान्तरण किया है, उसके आधार पर लिखी गई है और उसका हिन्दी अनुवाद; अनुवाद का एक अदभुत और आदर्शवत उदाहरण माना जा सकता है।

दरवाजा तो खोलो जरा...

मैं नहीं हूँ खाद कम्पनी का
उत्पाद बेचने वाला कोई एजेंट
मैं नहीं हूँ शादी का रिश्ता जोड़ने हेतु
आने वाला करीब की पहचान
बताने वाला कोई दूर का रिश्तेदार
सचमुच मेरे पास नहीं कोई ऐसी स्कीम
जो घर बैठे पैसा कमाने में सहायक होगी
परसों सम्पन्न हुए गाने के कार्यक्रम में
हुई जरा-सी पहचान का डगमगाता पूल लाँघते हुए
सहज ही आया हूँ मैं आपसे मिलने के लिए
नहीं-नहीं चाय वगैरा की मुझे
कोई आवश्यकता नहीं है
आपकी आँखों में स्थित अविश्वास,
हरकतों में स्थित असहजता,
शब्दों में स्थित सशंकता
समझ सकता हूँ मैं
केवल एक गिलास पानी दो पीने के लिए
मैं चिलचिलाती धूप में से आया हूँ
यदि मन हुआ आपका सहज बातें करने का
तो मुझे आवाज दीजिए
मैं आप ही की बगल में उस ओर रहता हूँ
जीवन जीने के लिए
केवल शुद्ध ऑक्सीजन ही
पर्याप्त नहीं होता
दरवाजा खोलो तो जरा...

अनुवाद : सुनील बाबुराव कुलकर्णी
देशगव्हाणकर

द्वीपों का मन्दिर

अपनी रंग भरी मस्ती में
स्वर्ग को भी लजाने वाले बनारस को
न लगे किसी की बुरी नजर
पुनर्जन्म पर विश्वास रखने वाले
कहते हैं यहाँ मरणोपरान्त मिलता है
अमरत्व का स्वर्ग!
यह मन्दिर है
रंगबिरंगे आश्चर्य का विश्व
यहाँ के वसंत में है
हमेशा फलने-फूलने की ताकत
यहाँ शरद ऋतु बनकर आती हैं
खुले मस्तक पर स्थित चन्दन का टीका
और वसंत की हवा लहराती है
फुलहरी का जेनऊ
यहाँ की सुनहरी धूसर संध्या
स्वर्ग की पलकों में स्थित
कुंकुम के समान लगती है
पैगम्बर को दिखाई देने वाले दिव्य प्रकाश से
निर्मित यहाँ की मूर्तियाँ
उनके चेहरों पर
गंगा तट के द्वीपों सी
जगमगाती उत्साह की स्फूर्ति
सूरज-चाँद जब टहलते हैं
पूर्व क्षितिज पर देखने के लिए
यह काशी सुन्दरी उठाती है

बनारस की गंगा का आईना
अपना सौन्दर्य निहारने के लिए
सितारों से जगमगाई एक रात में
विशुद्ध भाव सँजोकर मन में
मैंने पूछा एक साधु महाराज से
महाराज!
इस दुखी संसार में
निष्ठा, प्रेम, भलाई, विश्वास
ये ले रहे अन्तिम साँस
बाप-बेटा दबोचते हैं एक-दूसरे का गला
भाई ही भाई की बुरी बला
सारी कोमल भावनाओं का
हुआ है क्षय
फिर भी क्यों नहीं आता प्रलय?
क्यों नहीं बजती अन्तिम रणभेर?
अन्तिम संहार की
किसके हाथ है बागडोर?
मंद मुस्कान ओठों पर लाकर
प्रेम भाव आँखों में मिलाकर
उसने कहा
यह नगरी है
विधाता का सुन्दर प्रिय कलेजा पतन
वह नहीं होने देगा इसका विनाश या पतन
यह सुनते ही स्वाभिमान की गुलाल
से जगमगाया बनारस का भाल
विचारों के पंख को भी छूना सम्भव नहीं होगा
ऐसा उन्नत बनारस का आकाश-पाताल!!

नोट : गालिब की बनारस पर लिखी कविता चराग-ए-दैर का निशिकान्त ठाकार ने गद्य अनुवाद किया। उसके आधार पर मराठी में अनूदित की हुई कविता का यह हिन्दी अनुवाद!

अनुवाद : सुनील बाबुराव कुलकर्णी
देशगव्हाणकर

संजीवनी तडेगावकर

संजीवनी तडेगावकर समकालीन मराठी कविता की एक महत्त्वपूर्ण कवयित्री एवं ललित लेखिका हैं। इनका जन्म 02 मार्च, 1974 को हुआ है। स्त्री कविताओं पर उन्होंने सन् 2010 में अहिल्याबाई होलकर विश्वविद्यालय, सोलापुर से पी-एच.डी. की उपाधि प्राप्त की है। ये मूलतः जालनावासी हैं। विविध समाचार-पत्रों में स्तम्भ लेखन, कवि सम्मेलनों में काव्य पाठ, पुस्तक परीक्षण लेखन तथा अनुवाद में इनकी सक्रिय सहभागिता रही है। इनकी अब तक की प्रकाशित साहित्य सम्पदा निम्नलिखित है : काव्य संकलन : अरुंद दारातून पडताना (2011), अनुवाद : एक होती सारा, मूल लेखिका अमृता प्रीतम (2019), ललित लेख संग्रह : चिगूर (2009), मुलाखत संग्रह : पापुद्रे (2011), फुटवे (2007), सन्दर्भ सहित। इस कविता संकलन को मसापचा कॉन्टिनेंटल प्रकाशन द्वारा कुसुमाग्रज स्मृति पुरस्कार प्राप्त और समीक्षात्मक ग्रंथ—आणि झरे मोकळे झाले (2015) आदि प्रमुख हैं।

साहित्य लेखन के साथ-साथ आप अन्य गतिविधियों में सक्रिय रही हैं। जिनमें अनुभव प्रतिष्ठान की अध्यक्ष, आशय घन इस त्रैमासिक पत्रिका की सम्पादक और सन् 2015 से 2020 तक कालावधि में मराठवाड़ा साहित्य परिषद, औरंगाबाद की संचालक भी रही हैं। महाराष्ट्र शासन द्वारा स्थापित मराठी रंगभूमि प्रयोग परिनिरीक्षण मंडल (सेंसर बोर्ड), की आप सदस्य भी रह चुकी हैं। मराठवाड़ा साहित्य परिषद, औरंगाबाद द्वारा प्रकाशित साहित्य पत्रिका प्रतिष्ठान की आप सदस्या रह चुकी हैं। 'कथा कवितेला भेटली' इस साहित्य कार्यक्रम के आयोजन के माध्यम से आपने सम्पूर्ण महाराष्ट्र में यात्राएँ की हैं। इसके अब तक 1000 से भी अधिक कार्यक्रम महाराष्ट्र में स्थित अलग-अलग महाविद्यालयों में सम्पन्न हुए हैं। भारतीय नववर्ष के आरम्भ में कवियों के सम्मानार्थ गुढ़ी पाढ़वे के दिन जालना में प्रतिवर्ष आयोजित होने वाले 'कविताचे पाढ़वा' की भी आप संयोजक रही हैं। आपकी अब तक की साहित्य सेवा को ध्यान में रखते हुए आपको निम्नलिखित पुरस्कारों से सम्मानित किया गया है :

अजिंठा पुरस्कार, जालना (2011), 'अरुंद दारातून बाहेर पडताना' इस काव्य संकलन को महाराष्ट्र शासन द्वारा उत्कृष्ट वाङ्मय निर्माण हेतु दिया जाने वाला इन्दिरा संत काव्य पुरस्कार (2011), कला गौरव राज्य साहित्य पुरस्कार, तरडगाव, फलटण, सातारा (2011), सन्दर्भ सहित इस काव्य संकलन हेतु, कुसुमाग्रज साहित्य पुरस्कार, महाराष्ट्र साहित्य परिषद, पुणे (2019), कोजागरी राज्य साहित्य पुरस्कार, मंठा, जालना (2013), ग्रामीण साहित्य पुरस्कार भि.ग. रोहमारे, कोपरगाव, अहमदनगर (2012), चन्द्रभागा राज्य साहित्य पुरस्कार, जालना (2012), कै. धोंडीराम माने वाङ्मय पुरस्कार, औरंगाबाद (2008), प्रसाद बन वाङ्मय पुरस्कार, नांदेड (2011), मराठवाड़ा कला गौरव राज्य साहित्य पुरस्कार, औरंगाबाद (2013), यशवन्तराव चव्हाण राज्य साहित्य पुरस्कार, पुणे (2012), कवि रत्नाकर धम्मपाल राज्य साहित्य पुरस्कार, दक्षिण महाराष्ट्र साहित्य परिषद, कोल्हापुर (2019), रमेशलाल जी गांधी राज्य साहित्य पुरस्कार, पाथर्डी, अहमदनगर (2012), रूपाली दुधगावकर राज्य साहित्य पुरस्कार, जिंतुर, परभणी (2012), शब्द वेल राज्य साहित्य पुरस्कार, लातुर (2012), रचनात्मक योगदान के लिए, लोकमत सखी सम्मान, औरंगाबाद (2019) आदि पुरस्कार प्रमुख हैं। प्रस्तुत पाठ्यपुस्तक में संजीवनी तडेगावकर इनकी दो कविताएँ—'सहज मातृत्व' और 'कालवड' (बछिया) संकलित हैं।

कविता का आशय

प्रथम कविता 'सहज मातृत्व' में कवयित्री ने सहज मातृत्व आज कितना सजग और संवेदनशील बन गया है, इसका यथार्थ वर्णन किया है। मरणासन्न वेदना को सहते हुए बेटी को जन्म देना, उसका लालन-पालन करना, उसका घुटनों के बल चलना, हथेलियों की झोली बनाकर उसे झुलाना, घर भर में उसका मंडराना माँ के मन को मोहित करता है। किन्तु बेटी जब धीरे-धीरे कौमार्य की अवस्था को पार कर जवानी की ओर मार्गक्रमण करती है तब ये सारी मन को मोह लेनी वाली बातें न जाने कब, कैसे और क्यों मन में भय और कम्पन निर्माण कर देती हैं। वास्तव में माँ होना कितना प्राकृतिक, सहज होता है परन्तु कठिन होना है मातृत्व को निभाना अपरिहार्य यथार्थ की भयावह स्थिति में। कवयित्री ने परिस्थिति के चलते एक माँ को जवान लड़की को घर से बाहर भेजना कितना कठिन और दुष्कर कार्य हो गया है, उसकी ओर प्रस्तुत कविता के माध्यम से संकेत किया है।

दूसरी कविता 'कालवड' (बछिया) में कवयित्री ने बछिया के माध्यम से बेटे के बदले बेटी जनने की पीड़ा की यातना कितनी भयावह होती है इसका यथार्थ वर्णन किया है। वास्तव में एक बछिया का जब घर में प्रवेश होता है तब घर में

कितना खुशी का माहौल होता है। घर में स्थित सब लोग उसे कैसे लाड़-प्यार से बढ़ाते हैं। लेकिन वही बछिया जब जवान होकर बछड़े के बदले एक बछिया को ही जन्म देती है, तब उसके साथ का घर वालों का व्यवहार एकदम बदल-सा जाता है। उसे एक खूंटे पर बाँधा जाता है, धीरे-धीरे उसे चारे-पानी से भी वंचित कर दिया जाता है। एक दिन उसे बाहर नदी किनारे के चरगाह पर छोड़ दिया जाता है, लेकिन साँझ होने के उपरान्त अपनी बछिया की आस में वह पुन: वापिस आकर खूंटे पर बँध जाती है। घर मालिक उसे नजरन्दाज करते हुए शौक की खातिर एक जर्सी गाय लेकर आता है। तब तो यह देसी गाय चारा-पानी के लिए भी तरसने लगती है। जब वह अपनी भूख-प्यास की पीड़ा से एक दिन ऐसी जगह लात मारती है जिससे आदमी मर जाए, तब मालिक उसे, "इसकी माँ की! तुम भी औरतों जैसा ही करने लगीं यार।" यह गाली देकर उसकी तुलना बेटा न जन पाने वाली स्त्री के साथ करता है। कवयित्री ने आज भी बेटी जनने का दु:ख कैसे अकेली नारी को ही सहना पड़ता है इसका यथार्थ और हृदयद्रावक वर्णन प्रस्तुत कविता के माध्यम से किया है। हालाँकी अब विज्ञान ने यह सिद्ध कर दिया है कि बेटा जने या बेटी यह स्त्री के हाथ में ना होकर पुरुष के हाथ में होता है। परन्तु बावजूद उसके बेटी जनने का पूरा दोष आज भी स्त्री के माथे पर ही डालकर उसकी प्रताड़ना की जाती है।

सहज मातृत्व

मेरी सुकोमल जीवन की
साँसें तुम्हें समर्पित करते हुए
टूट जाते हैं
सहृदयता से सँभाले हुए अच्छाई
के संवेदनशील कम्पन...
वास्तव में मृत्यु समान वेदना की आह सहते समय
तुम्हारे जन्म की खुशियाँ
नहीं समा पा रही थीं
मेरे मातृत्व से भरे हृदय में...
हथेलियों के झूले पर झुलाते समय
तेरी कातर आँखों से
उँडेलता रहा मेरे इर्द-गिर्द
सुख से ओतप्रोत शुभ्र धवल-सा चन्द्रमा
तुम्हारे पूरे घर-भर में मँड़राते समय
गूँजती रही मैं तेरे पैंजन से
और पिघल गए तुम्हारी प्रशंसा में
अजीबोगरीब खुशियों के दिनों में
दिन-ब-दिन
तुम्हारी मासूम निराग जवानी से भरी उम्र
पंखुड़ी-पंखुड़ियों से खिलता
फैलता कौमार्य नख-शिख से
तब चिन्ता से चिन्तित होकर
अन्दाज लेती रहती हूँ इर्द-गिर्द का समय-असमय
तेरी अबोध हरकतों का
तुम थक जाती हो

मेरे अनगिनत सन्देह से भरे प्रश्नों की भरमार सहते समय
वास्तव में माँ होना कितना प्राकृतिक, सहज होता है
परन्तु कठिन होता मातृत्व को निभाना
अपरिहार्य यथार्थ की भयावह स्थिति में
तुम स्वयं को सँभालती रहती हो
परन्तु मेरा मातृत्व भी
सजग सतर्क संवेदनशीलता का हुआ
उसके लिए भला मैं भी क्या कर सकती हूँ?

अनुवाद : सुनील बाबुराव कुलकर्णी
देशगव्हाणकर

कालवड (बछिया)

हाट बाजार से
खूबसूरत सुडौल बछिया
पघा से बाँधकर घर लाने पर
प्यार से उसके पैरों पर लोटा भर पानी डालते ही
वह खुशी से नाँद की ओर आ जाती है
देखते-देखते ही घर-परिवार की हो जाती है
समय-समय पर पेट भर सानी-पानी
और पीठ पर से साँझ-सवेरे फिरने वाला मालिक का कोमल हाथ
इसलिए उसको गाय का रूप जल्द से जल्द प्राप्त होता है।
देखने वाले की नजर में वह तुरन्त बस जाती है
किसी की नजर न लगे,
इसलिए गले में कवड़ी गोटा बाँध कर
(उसकी सारे गाँव में प्रशंसा होती है।)
आगे पेट से होने पर
परेशान होकर प्राणघातक पीड़ा से आह भरते
वह बछिया को ही जन्म देती है।
तब दुखी होकर मालिक कहता है
'बछड़ा हुआ होता तो खेती-बाड़ी के काम तो आ जाता'
और तब से
उसके साथ लापरवाही बरती जा रही है
अब जरूरत है इसलिए
छोड़ना-बाँधना सानी-पानी...दूध की केटली...उसके हिस्से में आती है।
और एक दिन ऐसी जिन्दगी से ऊब कर
वह खूंटे का पघा तोड़कर
नदी किनारे की चरगाह में आकर खुली साँस लेती है।

तीसरी साँझ को केवल
बछिया के खिंचाव से
भाग्य को कोसते हुए
मजबूरन
फिर उसी खूंटे पर आती है और स्वयं को बाँध लेती है।
आगे दिन-ब-दिन
कुढ़ते-कुढ़ते वह कमजोर हो जाती है
और कुछ समय बाद
नजरअन्दाज करके निरर्थक ठहरती है।
अब प्रयोगशील मालिक के शौक की खातिर
संकरित जर्सी उसकी जगह ले लेती है।
और
गोबर-मूत के गोशाला में सानी-पानी के लिए भी पुरानी बेचारी तरसने लगती है
तब
बीच-बीच में उसकी मरकहा-सी आदत प्रति हिंसा के कारण सींग निकालती है।
आते-जाते मौका मिलते ही
गुस्से से आदमी मर सकता है ऐसी जगह लात मारती है,
तब मालिक आँखें दिखाकर गुस्से में कहता है
'इसकी माँ की! तुम भी औरतों जैसा ही करने लगीं यार।"

अनुवाद : कृष्णा कदम

पी. विठ्ठल

पी. विठ्ठल का जन्म दिनांक 1 जून, 1975 को हुआ। नब्बे दशक की पीढ़ी के एक महत्त्वपूर्ण कवि, चिन्तक, आलोचक एवं निरन्तर अध्ययनशील लेखक के रूप में सुविख्यात पी. विठ्ठल वर्तमान समय में स्वामी रामानन्द तीर्थ मराठवाड़ा विश्वविद्यालय, नांदेड़ के मराठी विभाग में सहयोगी अध्यापक के रूप में कार्यरत हैं। इसी विश्वविद्यालय के डॉ. बाबासाहब आंबेडकर अध्यासन केन्द्र के प्रमुख तथा ललित एवं प्रायोगिक कला के संचालक पद का पदभार भी उनको सौंपा गया है। समकालीन मराठी कविता में महत्त्वपूर्ण कविता लिखने वाले कुछ चुनिन्दा कवियों में पी. विठ्ठल के नाम का विशेष रूप से उल्लेख करना अनिवार्य हो जाता है। बीसवीं शताब्दी के अन्तिम दशक से इक्कीसवीं शताब्दी के प्रथम एवं द्वितीय दशक तक विविध साहित्य पत्रिकाओं में प्रकाशित उनकी कविता ध्रुव तारे की तरह चमकती और सब का लक्ष्य केन्द्रित करने वाली हैं।

मराठी के सुप्रसिद्ध आलोचक एवं केवल काव्य के लिए समर्पित 'कविता रति' साहित्य पत्रिका के प्रधान सम्पादक आशुतोष पाटील जी के मतानुसार, "समकालीन जीवन जीने का आशय ढूँढ़ने वाली पी. विठ्ठल की कविता वैयक्तिकता के साथ-साथ सामाजिक मानवीय जीवन के विभिन्न स्तरों के समकालीन परिवेश द्वारा निर्मित संकटों और चुनौतियों का सामना करने वाली, समकालीन परिवेश के अमानवीय प्रतिरोध के कारण विनष्ट हो रही मानवीय संवेदना और विवेक में खोती चली जाने के कारण अस्वस्थ-सी होने वाली और अपने प्राचीन बन्धनों को पकड़कर रखते हुए मूल्यात्मक भावना का उद्घोष सँभालने वाली, जीवन और कविता इन दोनों के सन्दर्भ में गम्भीर चिन्तन प्रस्तुत करते हुए साकार होने वाली उपर्युक्त सारी विशेषताओं से युक्त-सी दिखाई देती है। एक महत्त्वपूर्ण बात पी. विठ्ठल जी की कविता के सन्दर्भ में यह भी कही जा सकती है कि व्यक्तिगत और सामाजिक ऐसे मानवीय जीवन जीने के अंगों का परस्पर भिन्न न होकर उनका एक-दूसरे में समाहार अनिवार्य है। यह समकालीन यथार्थ का असाधारण भाव इस कवि ने सँभाला है, यह बात विशेष तौर पर उल्लेखनीय है।"

उनके अब तक दो काव्य संकलन, चार वैचारिक लेख संग्रह, तीन समीक्षा ग्रंथ और छह सम्पादित ग्रंथ प्रकाशित हैं, जिनमें 'शून्य एक मी' (कॉन्टीनेंटल प्रकाशन, पुणे, 2017), 'माझ्या वर्तमानाची नोंद' (गोदा प्रकाशन, औरंगाबाद, 2011, दूसरा संस्करण, लोकवान्दमय गृह, मुम्बई 2018)।

लेख संग्रह : 'करुणेचा अन्त:स्वर' (कैलास पब्लिकेशंस, औरंगाबाद, 2016), 'सन्दर्भ : मराठी भाषा' (2014 मीरा बुक्स, औरंगाबाद), समन्वयाचे क्षेत्र (इसाप प्रकाशन, नांदेड, 2021), वर्तमानाचा उच्चार (गोल्डनपेज पब्लिकेशंस, पुणे, 2021)।

सम्पादित ग्रंथ : 'वाङ्मयीन प्रवृत्ती : तत्त्वशोध' (प्रतिमा प्रकाशन, पुणे, 2007), 'विशाखा : एक परिशीलन' (चिन्मय प्रकाशन, औरंगाबाद, 2007), 'सर्वदर्शी डॉ. बाबासाहेब आंबेडकर' (डायमंड प्रकाशन, पुणे, 2016), 'जनवादी साहित्यिक : अण्णा भाऊ साठे' (डायमंड प्रकाशन, पुणे, 2017), शिक्षण वेध (डायमंड पब्लिकेशंस, पुणे, 2017), 'वैचारिक साहित्य', (अथर्व पब्लिकेशंस, जळगांव, 2021), समीक्षा ग्रंथ—'जागतिकीकरण', 'बदलते सामाजिक वास्तव', 'आणि समकालीन मराठी कविता' यह पुस्तिका (अक्षर वाङ्मय प्रकाशन, पुणे, 2017), 'मराठी कविता : समकालीन परिदृश्य' यह समीक्षा ग्रंथ (कैलास पब्लिकेशंस, औरंगाबाद, 2019), समकालीन मराठी कविता : दो लेख (सौरव प्रकाशन, औरंगाबाद, 2021) आदि प्रमुख हैं। साथ ही यशवन्तराव चव्हाण विश्वविद्यालय, नाशिक तथा स्वामी रामानन्द तीर्थ मराठवाड़ा विश्वविद्यालय, नांदेड़ के मराठी विषय की कुछ पाठ्य-पुस्तकें भी उन्होंने लिखी हैं। हाल ही में उनकी महाराष्ट्र शासन द्वारा गठित मराठी भाषा सलाहकार समिति के सदस्य पद पर नियुक्ति हुई है।

इस अनूदित काव्य संकलन में कवि पी. विठ्ठल की दो कविताएँ 'मिट्टी की तरह पवित्र होना' तथा 'पटकथा' संकलित हैं।

कविता का आशय

प्रथम कविता 'मिट्टी की तरह पवित्र होना' में कवि ने मिट्टी की महिमा का गुणगान किया है। कवि को लगता है कि उसका भूत और वर्तमान इसी मिट्टी की आगोश में से निर्मित है और स्वर्णिम भविष्य का निर्माण भी इसी मिट्टी की देन होगा। इसलिए कवि मिट्टी की तरह पवित्र होकर अपनी सार्थकता सिद्ध करना चाहता है। कवि को लगता है कि उसके वर्तमान कालीन सुख-दु:ख की समकालीन कहानियाँ इसी मिट्टी के कण-कण से निर्मित हैं। इसलिए मिट्टी का निरामय स्पर्श उसे प्रार्थना की तरह पवित्र लगता है। अपनी प्रेयसी को सम्बोधित करते हुए कवि कहता है कि तुम्हारे हाथों में जो मिट्टी का नम गीला बरतन है उसमें अनेक ऋतुओं की सरगर्मियों की असंख्य आवाजें और श्रमजीवियों की मेहनत एवं परिश्रम का आकुल पसीना

समाया हुआ है। इस मिट्टी की देह पर से न जाने कितने शक्तिशाली युद्ध के अश्व दौड़ चुके हैं, हिरणों के निरीह झुंड तथा मोरों के मनमोहक पंखों के निशान भी इसी मिट्टी पर अंकित हैं। इस मिट्टी पर हजारों सदियों के आदिम अक्षर तराशे गए हैं और मिट्टी के हर अक्षर में छुपी है प्राचीन सभ्यता की एक भव्य वर्णमाला। इनसानों ने इसी मिट्टी पर चलाया श्रम का शाश्वत हल और लिखा गया धरती की पीठ पर मिट्टी का पारदर्शी सौन्दर्य-शास्त्र। ऐसी मिट्टी को पाकर कवि तृप्त, पवित्र होना चाहता है इसलिए अपनी प्रेयसी को कहता है कि प्रिय, इस मिट्टी के पात्र का जल-घूँट लो तुम एक ही साँस में और लेने दो मुझे तुम्हारे स्नेहमयी अधरों का चुम्बन! मैं मिट्टी की ही तरह पवित्र होना चाहता हूँ!

संक्षेप में इतना ही कहा जा सकता है कि कवि प्रत्येक मनुष्य को इस मिट्टी में पला-बढ़ा मानता है अतः उसी से समरस होकर जीवन में मनुष्य की सार्थकता मानता है।

दूसरी कविता 'पटकथा' में कवि ने अपने और अपनी प्रेयसी के विगत जीवन अनुभवों को केन्द्र में रखकर यह पटकथा लिखी है। पटकथा के माध्यम से कवि आज भी स्मरण करता है कि जब भी कोई प्रेमी युगल एक-दूसरे से प्रेम करता है तब समाज प्रायः उनका उपहास ही करता है। उनके सन्दर्भ न जाने कितनी अफवाह फैलाई जाती है, जो कि उनके सम्बन्ध में भी फैलाई गई। लेकिन बावजूद उसके वे एक-दूसरे के आलिंगन में डूब ही गए। एकान्त में बैठकर देह का उत्सव मनाया, न जाने कितनी अर्थहीन बहसें कीं। अन्तरंग क्षणों के लम्बे एकान्त में सजाईं हमने सहवास की झालरें, लिखते और मिटाते रहे हम कविता की कई-कई पंक्तियों को। कवि को लगता है कि उस मिलन की ही उपज उसकी न जाने कितनी काव्य पंक्तियाँ हैं। उस समय हम दोनों ने मिलकर जो कविता रूपी पौधा लगाया था अब वह लहलहाकर उग आया है भाषा का एक निःसन्दर्भ अंकुर बनकर। कवि अपनी प्रेयसी को कहता है कि यह पटकथा उन्हीं दिनों की है जब हमने एक-दूसरे से टूटकर प्रेम किया था।

मिट्टी की ही तरह पवित्र होना

मिट्टी की ही तरह पवित्र होना है मुझे
सुख-दुखों की अनगिनत समकालीन कहानियाँ
मिली हुई हैं इस मिट्टी के कण-कण में
इसीलिए मिट्टी का निरामय स्पर्श
प्रिय होता है इनसान को
प्रार्थना की ही तरह
तुम्हारे हाथों में यह जो
मिट्टी का नम-गीला बर्तन है न
इसमें घुली हुई हैं
ऋतुओं की सरगर्मियों की
असंख्य आवाजें और
कई श्रमजीवी हाथों का
आकुल पसीना
दौड़ चुके हैं इस मिट्टी की देह पर से
युद्ध के शक्तिशाली अश्व
हिरणों के निरीह झुंड और
मोरों के मनमोहक पंखों के
निर्लिप्त निशान भी
अंकित है इस मिट्टी पर
हजारों सदियों के आदिम अक्षर
तराशे गए हैं इस मिट्टी पर
और हर अक्षर में छुपी है
प्राचीन सभ्यता की एक भव्य वर्णमाला
इनसानों ने इसी मिट्टी पर चलाया
श्रम का शाश्वत हल

और लिखा गया धरती की पीठ पर
मिट्टी का पारदर्शी सौन्दर्य-शास्त्र
प्रिय,
इस मिट्टी के पात्र का
जल-घूँट लो तुम एक ही साँस में
और लेने दो मुझे
तुम्हारे स्नेहमयी अधरों का चुम्बन
मैं मिट्टी की ही तरह
पवित्र होना चाहता हूँ!

अनुवाद : सुनीता डागा

पटकथा

हाँ, यह मेरी ही लिखावट है
और तुम जो यह पढ़ रही हो न
उसे हमारे विगत जीवन की
पटकथा ही समझना
यूँ तुम्हारा अकबकाना
और गद्गद हो जाना
कोई वजह तो नहीं है इसकी
अच्छा यह न समझना कि
इसमें कोई उपहास है मेरा-तुम्हारा!
आस-पास हमारे
घिरे हुए हैं अफवाहों के
इतने घने-काले बादल
बावजूद इसके
एक-दूजे के आलिंगन में
डूब ही गए न हम...
मनाया हमने देह का उत्सव
बहसें भी की अर्थहीन
अन्तरंग क्षणों के लम्बे एकान्त में
सजाईं हमने सहवास की झालरें
लिखते और मेटते रहे हम
कविता की कई-कई पंक्तियों को
हमने लगाया एक पौधा
भीतर गहरे भीतर
और
लहलहाकर उग आया

हमारी कोशिकाओं से रक्त से
भाषा का एक नि:सन्दर्भ अंकुर
तो फिर...
यह पटकथा उन्हीं दिनों की है
जिन दिनों
हमने प्रेम आदि किया था
एक-दूजे से टूटकर!

अनुवाद : सुनीता डागा

संध्या रंगारी

संध्या रंगारी का जन्म 12 जुलाई, 1977 को हुआ है। महाराष्ट्र के हिंगोली जिले में स्थित एक महाविद्यालय में वे अध्यापन का कार्य करती हैं। बाल्यकाल से ही वे बाल कवयित्री के रूप में सुपरिचित और सुविख्यात रही हैं। उनकी अब तक तीन पुस्तकें प्रकाशित हैं। जिनमें 'आघात', 'कवडसे', 'वाताहिती कैफियत', 'संध्या रंग' आदि प्रमुख हैं। 'चाँदणचूरा' ललित कथाओं का संकलन है। 'संध्या रंग' में उनकी अधिकतर कविताएँ संकलित हैं, जिन्हें छह विभागों में विभाजित किया जा सकता है : प्रथम भाग में उनकी स्त्री सम्बन्धी कविताएँ, द्वितीय भाग में कविताएँ हम दोनों की, तृतीय भाग में कविताएँ आन्दोलन की, चतुर्थ भाग में कविताएँ परिवेश अर्थात् वैश्वीकरण की, पंचम भाग में कविताएँ दंगों की और षष्ठ भाग में कविताएँ कविता सम्बन्धी हैं।

उनकी अधिकतर मराठी कविताओं का हिन्दी में अनुवाद सुप्रसिद्ध अनुवादक एवं हिन्दी आलोचक डॉ. सूर्यनारायण रणसुभे जी ने किया है, जिनमें 'औरत होने का मतलब', 'अभिसारिका', 'औरत और घर', 'बेटी की चिन्ता में माँ', 'महत्त्वाकांक्षी स्त्री' आदि प्रमुख हैं। डॉ. रणसुभे जी के शब्दों में यदि कहा जाए तो "संध्या रंगारी की कविता एक आम भारतीय स्त्री की यातना को, उसके यथार्थ के परिवेश में व्यक्त करती है।" आँचलिक परिवेश में पली-बढ़ी संध्या शिक्षित होकर एक महाविद्यालय में मराठी की अध्यापक बन गईं। आयु की तुलना में स्त्रियों के प्रश्नों की उनकी समझ काफी परिपक्व है। परिवार में स्त्री को किस रूप में स्वीकारा जाता है, इसे वह पूरी तीखेपन के साथ व्यक्त करती हैं। घर-परिवार में औरत की जो स्थिति होती है उसे संध्या रंगारी ने दर्जनों कविता के माध्यम से अभिव्यक्ति दी है।

महाविद्यालयीन जीवन से ही संध्या जी कविता, कथा, वाद-विवाद नाटक आदि प्रतियोगिताओं में सक्रिय रही हैं।

उनकी अब तक की साहित्य सेवा को ध्यान में रखते हुए संध्या जी को अनेक पुरस्कारों से सम्मानित किया गया है। उनमें प्रमुख हैं : काव्यस्नेह भूषण पुरस्कार, विश्वशान्ति दूत पुरस्कार, शान्ता शेळके साहित्य गौरव पुरस्कार, सूर्यांश साहित्य

पुरस्कार, लक्ष्मीबाई इंगोळे काव्य पुरस्कार, दर्पण पुरस्कार, सत्यशोधक साहित्य पुरस्कार, अग्रणी साहित्य पुरस्कार, निळाई पुरस्कार, लोकमत सखी पुरस्कार आदि।

दिनांक 8 मार्च, 2020 को नांदेड शहर में सम्पन्न अक्षरोदय साहित्य सम्मेलन की वह अध्यक्षा रह चुकी हैं। उनकी भी दो कविताएँ इस पाठ्यपुस्तक में संकलित की गई हैं।

कविता का आशय

प्रथम कविता नौ महीने के लिए' में आधुनिक महिलाओं द्वारा अपनी कोख किराए पर देने की परम्परा पर जबरदस्त प्रहार किया है। कवयित्री को लगता है नारी पहले भी वस्तु थी और आज भी वस्तु ही है। फर्क केवल इतना हो गया है कि पहले वह कभी मुफ्त में बेची जाती थी या उसका मूल्य कोई और तय करता था; और आज अपना मूल्य वह स्वयं तय कर रही है। कवयित्री को ऐसा लगता है कि आज औरत मात्र एक कच्चा माल तैयार करने वाली फैक्ट्री बनकर रह गई है। नौ महीने तक अपनी कोख किराए पर देने की यह जो विचित्र परम्परा इन दिनों चल पड़ी है उससे मातृत्व का कोई मोल ही शेष नहीं बचा है। कवयित्री इसे वैश्वीकरण की सौगात मानकर नारी तब भी वस्तु थी और आज भी वस्तु ही है ऐसा कहकर पुरुषसत्तात्मक समाज व्यवस्था पर करारा व्यंग्य कसती है।

दूसरी कविता 'बचपन से ही आँचल में छिपाया' में उन्होंने स्त्री जीवन की त्रासदी को अभिव्यक्त किया है। परम्परा की तहत आज भी बेटियाँ अपनी माँ की सलाह के अनुसार विवाह करती हैं, विवाह उपरान्त पति के द्वारा अन्याय, अत्याचार होने के बावजूद भी माँ की सलाह के अनुसार पति-पत्नी के रिश्ते को आजीवन निभाती हैं। अपने विद्रोह को खून में पचाने में उसे बारह वर्ष का लम्बा समय लगा है। लेकिन आज उसने यह संकल्प किया है कि अब वह अपनी बेटी के लिए पति नहीं बल्कि सहचर की तलाश करेगी और बावजूद उसके यदि पति उस पर अन्याय अत्याचार करने वाला ही निकला तो वह बेटी के लिए अपने मायके का दरवाजा कभी बन्द नहीं करेगी।

नौ महीने के लिए

नौ महीने के लिए
किराए पर उठाए कमरे की तरह
किसी अजनबी को
वैसे ही दिया उसने अपना गर्भाशय किराए पे
तब से फैक्ट्री का रूप आया है उसे।
अब वह मनुष्यों के लिए
कच्चा माल तैयार करने वाली मंडी।
उत्पादन क्षमता पर
तय होती है उसकी कीमत अब।
मातृत्व का मोल
कितना अनमोल!
पर इसमें विशेष क्या है?
वैश्वीकरण की यह है सौगात
नये रूपों में आई है
पुराना ही यह है नुस्खा
पहले भी वस्तु ही थी औरत
कभी मुफ्त में
तो कभी खरीद कर
मिल सकने वाली
अब अलबत्ता
वह खुद ही लग जाती है अपनी बोली में
फर्क बस इतना ही।

अनुवाद : सूर्यनारायण रणसुभे

बचपन से ही आँचल में छिपाया

बचपन से ही आँचल में छुपाया
तुमने मुझे।
दुनिया की नजरों से बचाया
पूरे लाड़-प्यार से
और
गौना आने पर
किसी एक अपरिचित के साथ
बाँध दिया तूने मुझे।
और कहाँ
यह तेरा भगवान?
मैं मान गई माँ तेरी बात,
क्योंकि
बचपन से ही सुनती आई हूँ तेरी बात।
अब भी मान गई।
परन्तु वह पेश आया मेरे साथ
शैतान की तरह
अब मेरे आँचल में यह बच्ची
कितनी प्यारी-प्यारी
विवाह के पवित्र अत्याचार से जन्मी हुई।
छल की छांह
यहाँ चमक रही है
पर अब मैं फिर से
तेरे आँचल में छिपूंगी नहीं।
घावों की नुमाइश
सजाऊँगी नहीं।

जान गई हूँ मैं कि बेटी के
बड़ी होने पर माँ का आँचल छोटा ही पड़ता है
पर यह तेरा दोष नहीं है माँ
जन्म दिया तूने मुझे
दुनिया बतलाई
उपकार ही हैं तेरे मुझ पर।
सहने की हिम्मत देती रही हो
इसीलिए तो निभ सका है आज तक।
एक बात और कहूँ माँ
आदत सी हो गई है अब अन्याय की
न्याय, समता जैसी बातें
सजा कर रख दी हैं मैंने कविता में
अपनी बेटी के लिए।
हां माँ पूरे बारह वर्ष लगे
इस विद्रोह को खून में पचाने में
संघर्ष दूध पर पोसने में।
एक और बात कहूँ,
मैं खोजूंगी नहीं
अपनी बेटी के लिए किसी 'वर' को
मैं खोजूंगी उसके लिए साथी सहचर को।
कहूँगी उसे
ससुराल भेजते समय
कि अगर जाग गया उसके भीतर का शैतान
तो बेटी वापस आ जाओ
मैं खड़ी रहूँगी
तेरी राह जोहते हुए।
यह सच है कि
झुक-झुक कर टेढ़ी हो गई है कमर मेरी।
पर
औरत के रूप में
टूटी नहीं हूँ मैं अभी।

अनुवाद : सूर्यनारायण रणसुभे

विनायक पवार

विनायक पवार का जन्म 16 अप्रैल, 1978 को हुआ है। मूलतः जालना जिले एक छोटे से टांडे में रहने वाले विनायक पवार वर्तमान में पेन के पतंगराव कदम महाविद्यालय में मराठी विषय का अध्यापन कार्य करते हैं। 'नामुष्कीचे पिढीजात वर्तमान' यह उनका काव्य संकलन प्रकाशित है। एक कवि होने के साथ-साथ वर्तमान में वह गीतकार के रूप में सर्वत्र बहुचर्चित रहे हैं। अनेक मराठी सिनेमा के गीत उन्होंने लिखे हैं जिनमें 'ख्वाड़ा', 'बबन और छत्रपति शासन' इन सिनेमाओं का विशेष उल्लेख किया जा सकता है। महाराष्ट्र के विविध शहरों में आयोजित कवि सम्मेलनों में सक्रिय सहभाग लेकर अपनी सूरीली आवाज की गेय कविताओं से वे श्रोताओं को मंत्रमुग्ध करते हैं। खेती और मिट्टी की संवेदनाएँ वे खासतौर से अपनी कविताओं में प्रस्तुत करते हैं। ई.स. 2000 के ग.दि.मा. पुरस्कार से उन्हें सम्मानित किया गया है तथा 'ख्वाड़ा' सिनेमा के गीत लेखन हेतु उन्हें राष्ट्रीय मानांकन भी प्राप्त है।

विनायक पवार की दो मूल मराठी कविताओं का मैंने 'बेटी' और 'पग चिह्न' नाम से हिन्दी अनुवाद किया है और उन्हें प्रस्तुत पाठ्य-पुस्तक में संकलित किया गया है।

कविता का आशय

प्रथम कविता 'बेटी' में कवि ने वर्तमान परिप्रेक्ष्य में जवान बेटी को सँभालना, उसे सुरक्षित रखकर उसका विवाह करना कितना दुष्कर कार्य हो गया है उसका प्रभावी चित्रण किया है। साथ ही अस्पताल में प्रसूति के नाम पर सामान्य मनुष्य के हो रहे शोषण का भी पर्दाफाश करने का प्रयास किया गया है। कवि आए दिन समाचार-पत्रों में छपने वाली खबरों का स्मरण करते हुए आज विवाहिता स्त्री अपने आप में कितनी असुरक्षित हो गई है, इसका भी यथार्थ वर्णन करता है। कविता की आरम्भिक पंक्तियों में कवि बेटी की तुलना इत्र की सुगंध के साथ करता है और बेटी को पत्नी द्वारा प्रदान किया हुआ अद्‌भुत प्रसाद मानता है। बचपन से लेकर

जवानी तक की बेटी की परवरिश को जब कवि स्मरण करता है तो उसे पता ही नहीं चलता कि वर्ष कैसे बीत गए। जैसे ही बेटी जवान हो जाती है लोग कहने लगते हैं कि अब उसके हाथ पीले कर दो। वर्तमान परिप्रेक्ष्य को देखकर बेटी के विवाह की कल्पना मात्र से कवि के मन और शरीर के रोंगटे खड़े हो जाते हैं। कवि अपनी बेटी को सम्बोधित करते हुए आगे की पंक्तियों में लिखता है कि यदि तुम सामूहिक बलात्कार से बच गईं तो मैं तुम्हारे दहेज का इन्तजाम करूँगा। विवाह के उपरान्त भी कवि बेटी को सलाह देता है कि बेटी सँभालकर जीना। क्योंकि इन दिनों अंचानक दिया शरीर पर पड़ जाता है, अकस्मात स्टोव सुलग जाता है। इस भयावह अन्धकार में इनसानियत का भी भार नियमन हो गया है। जुगनुओं को भी बाहुपाश में समेटने का प्रयास करने वालों के संस्कार इतने सड़े-गले हो गए है कि उन्हें तुम्हारा शरीर तब तक आकर्षक लगता है जब तक की उनका नशा न उतरे। जब तक उनका नशा रहता है तब तुम उनके लिए बरसात के समान लगती हो और जैसे ही नशा उतर जाता है तुम ग्रीष्म के समान बन जाती है। कवि ने कविता की अन्तिम पंक्तियों में प्रसूति के नाम पर अस्पताल में कैसी लूट होती है उसे उजागर किया है। व्यंग्यात्मक शैली में कवि लिखता है कि 'गर्भवती स्त्री यदि अस्पताल में आई तो डॉक्टर से गणपति बप्पा प्रसन्न हो जाता है!'

दूसरी कविता 'पग चिह्न' में कवि ने बताया है कि मनुष्य ने अपनी बढ़ती लालसा और उपभोक्ता वृत्ति के कारण कैसे घिनौने और हिंसात्मक उपाय अपनाकर पशु-पक्षियों तथा जानवरों पर अन्याय, अत्याचार कर अपने भीतर की मानवीयता का गला घोंटने का क्रूर कर्म किया है। उसी के पग चिह्न वर्तमान तथा भविष्य के पथ प्रदर्शक बनकर मानवीयता के नाम पर लांछन सिद्ध हो रहे हैं। सम्पूर्ण कविता में कवि ने अलग-अलग उदाहरण देकर मनुष्य की बढ़ती भोग वृत्ति का परिचय दिया है। कवि के मतानुसार फसल की सुरक्षा हेतु हमने गुलेल के जरिए खेत के बाँध की सीमाएँ पक्षियों के दिलोदिमाग पर अंकित करने की कोशिश की है। पक्षी हमारी फसल न खा जाएँ इसलिए हमने न जाने कितनी भूखी चोंचों को कुचल दिया और न जाने कितने हँसते-खेलते स्वरों को विनष्ट कर हम मुक्त हो गए। मृग अपनी कस्तूरी सुगन्ध हमें प्रदान ही न कर पाए इसलिए हमने अपनी फसल के इर्द-गिर्द चारों ओर लोहे के तार बिछाकर उसमें बिजली का करंट छोड़ दिया जिससे कि फसल खाने लालसा में खेत में घुसे मृग करंट लगने से मृत्युमुखी हो जाएँ। जंगल में चरते समय दूभती गाय का दूध गाय का बछड़ा न पी जाए इसलिए हमने बछड़े के मूख पर लोहे की कीलों का पट्टा बाँध दिया। गूंगे मासूम बछड़ों के हिस्से का दूध छीनकर हमने उसका व्यापार करना आरम्भ कर दिया है। बेलियों की कमर

तोड़कर हमने बंधाटी बनाई है। पेड़ों के हाथ छाँटकर हमने सीधे बाँस बनाए जिससे की वह अच्छे दामों में जल्द बिक जाएँ। स्वयं ही स्वयं का घर सजाने हेतु हमने प्रकृति की न जाने कितने पेड़-पौधों और पशु-पक्षियों को उनके जन्मसिद्ध अधिकार से वंचित कर दिया है। कवि अन्त में यही कहता है कि इस तरह बिगड़े वर्तमान के न जाने कितने पग चिह्न हमने हमारे वर्तमान और भविष्य जीवन की सम्भावना के पग चिह्न पर अंकित कर दिए हैं।

संक्षेप में प्रस्तुत कविता के माध्यम से कवि द्वारा स्वैराचारी होते मनुष्य जीवन की ओर ध्यान खींचकर उसकी भोग वृत्ति तथा लालसा वृत्ति पर करारा प्रहार किया हुआ दिखाई देता है।

बेटी

बेटी तुम मेरी लाखों में एक
इत्र की सुगंध
तुम्हारी माँ ने जाते-जाते सौंपी हुई
बुलबुलों को अब तुम्हारी आदत-सी हो गई
चश्मे की तरह
तुम्हें सँभालते हुए पन्नों को जैसे पलटा जाए वैसे वर्ष बीत गए
हथेलियों के फफोलों को निहारते समय लोगों की नजरों ने कहा
हाथ पीले कर दो अब!
तुम सामूहिक बलात्कार से बच गईं तो...
दहेज का इन्तजाम तो मैं करूँगा ही
बेटी! जरा सँभल के भला...
इन दिनों अचानक शरीर पर पड़ता है दिया
अकस्मात स्टोव सुलगता है
यह भयानक अँधेरा
इनसानियत का भार नियमन
जुगनुओं को भी बाहुपाश में समेटने का प्रयास करने वाले
संस्कार सड़े-गले होने के बावजूद भी
तुम्हारा शरीर उन्हें आकर्षक लगेगा
जब तक उनका नशा न उतरे
तब तक तुम उनकी बरसात
बाद में वह तुम्हारा ग्रीष्म
तुम गरोदर हो जाओगी
गर्भवती स्त्री यदि अस्पताल में आई तो
डाक्टर से गणपति बप्पा प्रसन्न हो जाता है!

अनुवाद : सुनील बाबुराव कुलकर्णी
देशगव्हाणकर

पग चिह्न

हमारी गुलेल के पत्थरों ने
खेत की बाँध दी सीमाएँ
चिड़ियों के कलेजों पर अंकित कीं
भूखी चोंचें कुचल दीं
न जाने कितने हँसते-खेलते स्वरों को
विनष्ट कर हम मुक्त हुए
मृग ने अपनी कस्तूरी सुगंध
देनी ही नहीं हमारे खेत को इसलिए
फसल के इर्द-गिर्द लोहे की तार में
बिजली का प्रवाह छोड़ दिया हमने
चिपक जाए यह हरियाली एक बार मृत्यु से
दूभती गाय का दूध
जंगल में उसका बछडा न पिये
इसलिए बछड़े के मूख पर लोहे की कीलों का पट्टा बाँध दिया
गूँगे-मासूम बच्चों का दूध
हमने बेदर्दी से लंपास किया
बेलिगों की कमर तोड़कर
बंधाटी बनाई हमने
पेड़ों के हाथ छाँटकर
बनाए हमने सीधे बांस
स्वयं ही स्वयं का घर सजाने-संवारने वाले
फांस डालते गए पग-पग पर हम
बिगड़े हुए वर्तमान के
यही हैं कुछ पग चिह्न

अनुवाद : सुनील बाबुराव कुलकर्णी
देशगव्हाणकर

पृथ्वीराज तौर

पृथ्वीराज तौर मूलतः जालना जिले के निवासी हैं। उनका जन्म 14 जनवरी, 1979 को हुआ। परतुर के जवाहर नवोदय विद्यालय से अपनी प्राथमिक शिक्षा पूरी करने के पश्चात् देवगिरी महाविद्यालय औरंगाबाद से उन्होंने स्नातकोत्तर उपाधि प्राप्त की है। वर्तमान में स्वामी रामानन्द तीर्थ मराठवाड़ा विश्वविद्यालय, नांदेड़ में राठी विषय के सहयोगी अध्यापक के रूप में कार्यरत हैं। एक कवि, कथाकार आलोचक, अनुवादक, सम्पादक और निरन्तर अध्ययनशील अनुसन्धाता के रूप में उनकी विशेष ख्याति रही है।

अपने महाविद्यालय जीवन से ही वे विभिन्न पत्र-पत्रिकाओं में तथा आकाशवाणी के लिए लेखन कार्य करते रहे हैं। महाविद्यालय जीवन में पत्रकारिता करते हुए 'दैनिक विंश्वामित्र' समाचार-पत्र में उनके द्वारा लिखित 'दवंडी' और 'सेंसिटिविटी डायरी' स्तम्भ बहुचर्चित रहे हैं। पुणे से प्रकाशित होने वाले 'किशोर' मासिक पत्र में इनके द्वारा लिखित 'देशान्तर्गत' स्तम्भ प्रकाशित होता था। बाल पाठकों के लिए देशी-विदेशी कथाओं के मराठी भाषा में किए अनुवाद भी इस पत्रिका में प्रकाशित होते थे।

दैनिक समाचार-पत्र 'सकाल' में हाक शान्ततेसाठी, दैनिक 'दिव्य मराठी' समाचार-पत्र में कवितांजलि और दैनिक 'पुण्यनगरी' समाचार-पत्र में प्रकाशित वसुधैव कुटुम्बकम ये उनके स्तम्भ विशेष उल्लेखनीय हैं। उनके द्वारा प्रकाशित पुस्तकें निम्नलिखित हैं—'आपण या पृथ्वीचा केवळ एक अंश आहोत' (चीफ सिएटल इनका पर्यावरण विषयक सन्देश) प्रतिमा पब्लिकेशंस, पुणे, जून, 2016, खजिना आनन्द कथांचा (बोधकथा संकलन) निर्मल प्रकाशन, नांदेड, 2015, गाव आणि शहराच्या मधोमध, शब्दालय प्रकाशन, श्रीरामपुर, अक्टूबर, 2013, जपानहून आणलेल्या छोट्यांच्या मोठ्या गोष्टी (जपानी कथा नौ का मराठी अनुवाद), मासिक 'ऋग्वेद चिल्ड्रंस रिलीफ फंड', आजरा (कोल्हापुर), पहला संस्करण, जून, 2015, दूसरा संस्करण, 2016, तृतीय संस्करण, 2017, जादूच्या बिया (अनूदित, मूल कथा—मित्सुमासा ॲनो) भारत ज्ञान-विज्ञान समुदाय, पुणे, जून, 2021, जॉन

ॲपलसीडची गोष्ट (अनूदित, मूल कथा लेखक—अलिकी) भारत ज्ञान-विज्ञान समुदाय, पुणे, नवम्बर, 2004, नागनाथ कोत्तापल्ले : साहित्य स्वरूप आणि समीक्षा (सहकार्याने) अथर्व पब्लिकेशंस, धुळे और जळगांव, अक्टूबर 2014, नाट्यवैभव (सहकार्याने) संस्कार भारती प्रकाशन, लातूर, अगस्त, 2009, फर्डिनांडची गोष्ट (अनूदित, मूल कथा लेखक—मुनरो लिफ) भारत ज्ञान-विज्ञान समुदाय, पुणे, जून, 2001, बसराची ग्रंथपाल (अनूदित, मूल कथा—जेनिट विंटर) भारत ज्ञान-विज्ञान समुदाय, पुणे, अगस्त, 2011, मराठी शाहिरी कविता (डॉ. मनोहर जाधव यांच्या सहकार्याने) चिन्मय प्रकाशन, औरंगाबाद, 2009, लेकीस पत्र (चार्ली चैप्लिन यांचे जिराल्डीन यांना पत्र) मैत्री प्रकाशन, लातूर, नवम्बर, 2016, संयुक्त राष्ट्राची तीन वचने तुमच्यासाठी (अनूदित मूल लेखक—मुनरो लिफ) भारत ज्ञान-विज्ञान समुदाय, पुणे, मार्च, 2008, साहित्य आणि विद्रोह—चिन्मय प्रकाशन, औरंगाबाद, जनवरी, 2008, साहित्य जागर (सहकार्याने) प्रतिभास प्रकाशन, परभणी, जून, 2008, सृजनपंख (स्वाती काटे यांच्या सहकार्याने) सायन पब्लिकेशंस प्रा.लि. पुणे, मई, 2011, होरपळलेल्या माणुसकीची कविता (जमातवाद विरोधी कवितांचे सम्पादन आणि अनुवाद) दिग्राग प्रकाशन, पुणे दिसम्बर, 2003 आदि प्रमुख हैं। इनकी अब तक की साहित्य सेवा को ध्यान में रखकर उन्हें महाराष्ट्र साहित्य परिषदेचा ई.स. 2014 साल के सुहासिनी इर्लेकर पुरस्कार से गौरवान्वित किया गया है।

प्रस्तुत पाठ्य-पुस्तक में डॉ. पृथ्वीराज की दो कविताएँ 'सीता' और 'बादलों जैसे शब्दों के अर्थ' संकलित की गई है। प्रथम कविता 'सीता' का अनुवाद प्रकाश भातांब्रेकर ने और दूसरी कविता 'बादलों जैसे शब्दों के अर्थ' का अनुवाद डॉ. शिवदत्ता वाव्हलकर ने किया है।

कविता का आशय

प्रथम कविता 'सीता' में कवि ने पौराणिक पात्र सीता के माध्यम से वैज्ञानिक और तकनीकी सुख-सुविधाओं के परिणामस्वरूप विकसित अणु विस्फोट आधुनिक युग की नष्ट होती सभ्यता पर प्रकाश डाला है।

प्रथम और द्वितीय महायुद्ध के बाद जहाँ अणु विस्फोट किए गए थे वहाँ की जमीन बंजर हो गई थी उसकी कोख उजड़ गई थी। उस ओर ध्यान आकर्षित करते हुए कवि ने सिंड्रैला और शिन इन दो आधुनिक मानवीय पात्रों के माध्यम से संहार की परिणाम कारकता को दर्शाने की कोशिश की है। साथ ही कीटनाशकों के अति प्रयोग के परिणामस्वरूप भी धरती की उपजाऊ वृत्ति कैसे विनष्ट होती गई है इस ओर भी पाठकों का ध्यान आकर्षित करने का प्रयास किया है।

दूसरी कविता 'बादलों जैसे शब्दों के अर्थ में' कवि ने महानगरीय जीवन की त्रासदी को अभिव्यक्ति दी है। बादल यहाँ प्रतीक है क्षणभंगुरता का और परिवर्तन का। जैसे बादल पल भर में उड़ जाते हैं वैसे ही इस महानगरीय जीवन में शब्द के अर्थ और रिश्ते-नाते और सम्बन्ध उड़ते जा रहे हैं।

कवि अनुभव कर रहा है कि यहाँ शहरों में गुड़ियों की तरह रोज शादियाँ भी होती हैं और तलाक भी हो जाते हैं। वर्तमान समय में बढ़ते महानगरों की तुलना कवि राक्षसों की बढ़ती अँतड़ियों के साथ करता है। कवि का मानना है कि बादाम जैसी लड़कियाँ तेजी से अपना रंग-ढंग बदलने वाले इन शहरों में, सपनों से सजे नेपथ्य में सँवारती रहती हैं फूलदानी के दिए अपने जख्मों को। कवि आगे लिखता है कि सेलोटेप के टुकड़ों को खोजने वाली आत्माएँ सुख को उत्तेजना के मूल्य पर कौड़ी के मोल बेच देती हैं और उदास पृथ्वी पर बैठी हुई स्त्रियाँ पति की राह देखते हुए किंवदंतियाँ बन जाती हैं। कवि आगे लिखता है कि यहाँ महानगरों में श्वेत संगमरमरी चेहरे चद्दरों में मुँह छिपाए हुए सूर्य किरणों को खोजते हैं, जहाँ सूर्य सिर्फ हवेलियों और गढ़ी की दीवारों को ही छूता है। यहाँ महनगरों में दीवारों पर टँगी हुई तस्वीरों की कीमत दिनोंदिन बढ़ती ही जाती है। यहाँ सारी यादें चार बाई छह की चौखट में अटक कर रह जाती हैं। ऐसा लगता है मानो यहाँ की सारी दुनिया तमाशबीन का स्टेज बनकर रह गई है। और यहाँ के हम नागरिक कल-कारखानों में से धुआँ छोड़ने वाली चिमनियों की भाँति बन बैठे हैं। ऐसा लगता है जैसे किसी अज्ञात काल में भुलाई गई कथाओं जैसे हो गए हैं। कुल मिलाकर संक्षेप में यह कहा जा सकता है कवि ने प्रस्तुत कविता में महानगरीय जीवन की त्रासदी का यथार्थ चित्रण किया है जो आदर्श का द्योतक लगता है।

सीता

सीता को देखते ही
उसे काँधे पर उठाकर
चल पड़ा मैं बाप की तरह
भूमिपुत्रों से परिचय कराया उसका
कभी घोड़ा तो कभी बैल
बना मैं उसके लिए
एक दिन मैंने उसे सुनाई कहानी
सिंड्रेला की
तो उसने टिप्पणी की
राख हो या मिट्टी
कोई खास फर्क नहीं होता
दोनों में
राख से ही उगी पृथ्वी
मिट्टी के बाद तो राख-ही-राख
उसे मैं प्रक्षेपास्त्रों की रावटिया में ले गया
वह उदास-सी मुस्काई
मैंने उसे सपने दिखलाये
सदाको और शिन के
उसने टिप्पणी की—
क्रौंच पक्षियों के जत्थे पर सवार लोग
किसी वक्त देखे थे मैंने

गर्भवती महिला की लय में
खिसकता-फिसलता रहा वक्त
उसे मैंने पेश की

ढेर सारी चॉकलेट, दवा की गोलियाँ
पर कोई शुभ समाचार नहीं मिला

एक दिन मैंने पूछा उससे
तो कहने लगी—
तुम्हारी कीटनाशी दवाओं ने
गला दी समूची बहार
और लहलहाती फसल
आनन-फानन
अब मेरी कोख सूनी है
तुम्हारे किसी काम की नहीं रही...

- सदाको शब्द का अर्थ—परमाणु बम विस्फोट के किरणोत्सर्ग के कारण ब्लड कैंसर तथा अन्तत: मौत का शिकार हुई ग्यारह वर्षीय बालिका।
- शिन का अर्थ—06 अगस्त, 1945 को हिरोशिमा में हुई बमबारी का शिकार हुआ तीन वर्षीय बालक।

अनुवाद : प्रकाश भांब्रेकर

बादलों जैसे शब्दों के अर्थ

बादलों जैसे उड़ जाते हैं शब्दों के अर्थ
हर रोज होती है शादियाँ गुड़ियों जैसी
और हर रोज होते हैं तलाक
बादाम जैसी लड़कियाँ
राक्षसों की अँतड़ियों समान फैले
इस रंग-ढंग बदलने वाले शहर में
सपनों से सजे हुए नेपथ्य में
सँवारती रहती हैं फूलदानी के दिये हुए जख्मों को
सेलोटेप के टुकड़ों को खोजने वाली आत्माएँ
सुख को उत्तेजना के मूल्य पर
कौड़ी के मोल बेचती हैं
और उदास पृथ्वी पर बैठी हुई स्त्रियाँ
पति की राह देखते हुए
किंवदंतियाँ बन जाती हैं
जहाँ श्वेत संगमरमरी चेहरे
चद्दरों में छूपाए हुए मुँह
सूर्य किरणों को खोजते हैं
जहाँ सूर्य सिर्फ हवेलियों और
गढ़ी की दीवारों को छूता है
जहाँ दीवारों पर टँगी तस्वीरों की कीमत
दिनोंदिन बढ़ती जाती है
वहाँ सभी यादें चार बाई छह की
चौखट में अटक जाती हैं
यह पूरी दुनिया
एक तमाशबीन स्टेज बन गई है

हम कारखाने में धुआँ छोड़ने वाली
चिमनियाँ बन बैठे हैं
और किसी अज्ञात काल में
भुलाई गई कथाओं जैसे हो गए हैं।

अनुवाद : शिवदत्ता वाव्हलकर

हबीब भंडारे

हबीब भंडारे जी का जन्म दिनांक 27 दिसम्बर, 1979 को जालना जिले के भोकरदन तहसील के सिरसगाँव वाघ्रुळ में हुआ है। मराठी विषय लेकर स्नातकोत्तर उपाधि प्राप्त करने के बाद उन्होंने विश्वविद्यालय अनुदान आयोग, नई दिल्ली की अध्यापक पात्रता परीक्षा उत्तीर्ण कर विद्यावाचस्पति की उपाधि भी अर्जित की है। इसके अतिरिक्त शिक्षणशास्त्र में स्नातक स्तर की उपाधि प्राप्त करने के बाद वे अध्यापक के रूप में कार्यरत हुए।

उनके अब तक सात काव्य संकलन प्रकाशित हो चुके हैं जिनमें माळावरची पेरणी, ढेकळाचा गंध, माझ्या शाळेतील कविता, बेवड्याची जात, मरणाच्या दारात जगण्याचा अर्थ शोधणारी माणसं और जगण विकणा-या माणसांच्या कविता आदि प्रमुख हैं। इसके अलावा जागर, प्यार भरी आँखें, दूरियाँ आदि अल्बम के लिए भी उन्होंने गीत लेखन किया है। उनकी बहुत सारी कविताएँ हिन्दी, अंग्रेजी एवं उर्दू भाषाओं में अनूदित हुई हैं। उनकी अब तक की साहित्य सेवा को ध्यान में रखकर कई पुरस्कार दिए गए, जिनमें उन्हें काव्य रत्न पुरस्कार, समाज भूषण पुरस्कार, एकता पुरस्कार, साने गुरुजी काव्य लेखन पुरस्कार काव्य स्पन्दन पुरस्कार, युवा शक्ति पुरस्कार, देवकाई उत्कृष्ट काव्य संकलन पुरस्कार, श्री शब्द काव्य पुरस्कार, अखिल भारतीय साहित्य कला मंच द्वारा दिया जाने वाला उत्कृष्ट काव्य निर्मिति पुरस्कार, पसायदान राज्यस्तरीय काव्य पुरस्कार, साने गुरुजी काव्य पुरस्कार, महात्मा फुले उत्कृष्ट काव्य संकलन पुरस्कार, कालकथित सोनाबाई बाबुराव गायकवाड़ स्मृति काव्य पुरस्कार, राष्ट्रीय संत नामदेव काव्य पुरस्कार और राजर्षि शाहू साहित्य गौरव पुरस्कार आदि प्रमुख हैं। इसके अतिरिक्त उन्हें औरंगाबाद नगर निगम द्वारा आदर्श एवं होनहार शिक्षक पुरस्कार से भी गौरवान्वित किया गया है। महाराष्ट्र के अलग-अलग विश्वविद्यालयों के पाठ्यक्रम में भी उनकी कविताओं का समावेश किया गया है। प्रस्तुत पाठ्य-पुस्तक में उनकी दो कविताएँ संकलित की गई हैं।

कविता का आशय

हबीब भंडारे जी की दो कविताएँ 'सकीना बेगम और जवानी से भरी रात' तथा 'गरीबी से ग्रस्त कर्म का भाष्य' मेरे द्वारा अनूदित हैं जिन्हें इस काव्य संकलन में संकलित किया गया है।

प्रथम कविता 'सकीना बेगम और जवानी से भरी रात' कविता में कवि ने क्षय रोग से ग्रस्त सकीना बेगम के साथ उसका पति दिन में कैसा व्यवहार करता है और रात होने पर वासना का ज्वर चढ़ने पर उसके व्यवहार में कैसा परिवर्तन आता है उसका यथार्थ वर्णन किया है। प्रस्तुत कविता जहाँ एक ओर स्त्री पीड़ा की दर्दनाक कहानी प्रस्तुत करती है, वहीं दूसरी ओर पुरुष मानसिकता को भी उजागर करती है। सम्पूर्ण कविता कथन शैली में प्रतिपादित की गई है जिसे पढ़ते समय मन एवं शरीर पर रोंगटे खड़े हो जाते हैं। इस कविता में कवि ने सकीना बेगम की दर्द भरी जीवन कहानी को स्वर दिया है। "रात भर पत्नी के क्षय रोग की जरा-सी भी शिकायत न करने वाला निर्व्यसनी उस्मान सुबह उठते ही स्वयं ही स्वयं पर ओढ़ लेता है शब्दों की संसर्गजन्य व्याधि और पुनः आरम्भ होती है वही घिसी-पीटी पुरानी कहानी।" इन पंक्तियों के माध्यम से कवि ने पुरुष समाज व्यवस्था में स्त्री की दुर्दशा पर करारा व्यंग्य प्रहार किया है। वासना के प्रभाव स्वरूप उस्मान का दिन का उलटा क्रम रात में कैसा सुलटा हो जाता है यह लिखकर कवि स्त्री देह की त्रासदी को सशक्त शब्दों में अभिव्यक्ति देता हुआ दिखाई देता है।

दूसरी कविता 'गरीबी से ग्रस्त कर्म का भाष्य' कविता में एक गरीबी से ग्रस्त व्यक्ति के यथार्थ प्रेम की कहानी है। प्रायः हम देखते हैं कि प्रेम में प्रियकर अपनी प्रेयसी को अकल्पनीय और प्रत्यक्ष यथार्थ में कभी खरे न उतरने वाले वादे करता हुआ दिखाई देता है। परन्तु प्रस्तुत कविता में ऐसा नहीं होता। प्रियकर को अपनी गरीबी का पूर्ण एहसास होने के कारण जब प्रेयसी उससे पूछती है कि बताओ तुम मेरे लिए क्या कर सकते हो? क्या-क्या सपने दिखा सकते हो? तब कवि हकीकत को ध्यान में रखते हुए कहता है कि तुम्हारे लिए चाँद-सितारे तोड़कर लाना तो मेरे लिए सम्भव नहीं होगा और न ही मैं कोई शाहजहाँ हूँ जो तुम्हारे लिए ताजमहल बनाऊँगा। जितनी रोज की आमदनी है मेरी उतने में तुम्हें खुश रखने की मैं कोशिश जरूर करूँगा। कवि प्रस्तुत कविता के माध्यम से यह सीख देता है कि प्रेम में एक-दूसरे को अवास्तव वादे करने के बजाय जो हकीकत में सम्भव है वही वादे करने चाहिए। इसलिए प्रस्तुत कविता का प्रेमी अपनी प्रेमिका से कहता है कि मैं तुम्हारे लिए एक भवन जरूर बनाऊँगा। जीवन में आने वाले हर एक सुख-दुःखात्मक प्रसंग में मैं तुम्हारा साथ दूँगा। मेरे लिए जो-जो भी करना सम्भव होगा वह सब मैं करूँगा, लेकिन जो योग्य होगा वही करने का मैं तुम्हें आश्वासन देता हूँ। प्रस्तुत कविता यथार्थ प्रेम एक आदर्श मिसाल कही जा सकती है।

सकीना बेगम और जवानी से भरी रात

पच्चीस वर्ष की आयु में
क्षयरोग से ग्रस्त सकीना बेगम को
टालता रहता है उसका पति
काला कुट्ट सनकी उस्मान
दिनभर ढकेलता रहता है
हरी-भरी सब्जियों से श्रृंगारित
सांसारिक ढेला जान-बूझकर
विरल बस्ती में चिकने-चुपड़े
काले डामर के रस्ते पर।
नहीं खाता खाना स्त्री लिंगी हाथ से बना।
बगल में बैठने नहीं देता पलभर पत्नी को।
निरर्थक बात करने वाला समूह,
उभरा हुआ मन हमेशा,
घर थोड़ा-सा बातूनी,
फिर भी प्रेम नहीं पिघलता।
जब से सूखा घास सूख गया
मन इनसान से ऊब गया!
दिनभर का क्रम
रात में उलटा होता है,
सितारों को टालने हेतु
सूरज सुलटा होता है।
जवानी से भरी रात में
भूल जाता स्पर्श-अस्पर्श को
भरोसेमन्द को अविश्वसनीयता
ओठों को, उँगलियों को न रहती है मर्यादा

देह को व्यक्त करती अव्यक्त भाषा
रात भर पत्नी के क्षयरोग से ग्रस्त होने की जरा-सी भी शिकायत न करने वाला
निर्व्यसनी उस्मान
सुबह उठते ही स्वयं ही स्वयं पर ओढ़ लेता है शब्दों की संसर्गजन्य व्याधि
और पुनः आरम्भ होती है वही घिसी-पिटी पुरानी कहानी।
बात विचार टालना
पलभर बोलना
छलना, जलाना और न जाने क्या-क्या आदि-इत्यादि
केवल अँधेरा होने तक या कभी-कभार दिन उदित होने तक।

अनुवाद : सुनील बाबुराव कुलकर्णी
देशगव्हाणकर

गरीबी से ग्रस्त कर्म का भाष्य

आज वह बहुत खुंश थी
उसने पूछा मेरे लिए क्या कर सकते हो?
क्या-क्या सपने दिखा सकते हो?
घूमने के लिए कहाँ-कहाँ पर ले जा सकते हो?
मैंने उससे कहा,
तुम्हारे लिए चाँद-सितारे तोड़कर लाना तो मुझसे सम्भव नहीं होगा।
और न ही मैं शाहजहाँ हूँ जो तुम्हारी याद में ताजमहल बनाऊँगा?
जितनी रोज की आमदनी है मेरी उतने में खुश रखने की कोशिश जरूर करूँगा।
एक भवन का निर्माण करूँगा, आने वाले सुख-दुःख में साथ जरूर तुम्हारा दूँगा।
जो-जो सम्भव होगा वह सब करूँगा जो योग्य होगा।
शेष भाग्य अपना अपना।
ऐसा क्यों...?
कहकर व्यवहार शून्य से भरा उसने स्मित हास्य किया।
और गरीबी से ग्रस्त कर्म पर इस तरह भाष्य हुआ।

अनुवाद : सुनील बाबुराव कुलकर्णी
देशगव्हाणकर

वी.रा. राठौड़

डॉ. विनोद रामराव राठौड़ उर्फ वी.रा. राठौड़ जी का जन्म दिनांक 06 फरवरी, 1980 को हुआ है। स्नातक, स्नातकोत्तर तक की शिक्षा पूर्ण करने के बाद उन्होंने मराठी विषय पीएच.डी. उपाधि भी अर्जित की है। विश्वविद्यालय अनुदान आयोग की प्राध्यापक पात्रता परीक्षा उत्तीर्ण कर आज वे चाळीसगाँव के बी.पी. आर्टस् वरिष्ठ महाविद्यालय में प्राध्यापक के रूप में कार्यरत हैं। उनकी अब तक चार पुस्तकें प्रकाशित हैं, जिनमें सेंन सायी येसं (मराठी काव्य संकलन), पिढी घडायेरी वाते (गोर बंजारा बोली की कविताओं का संकलन), हस्तक्षेप (ललित लेख संग्रह), हडाले हप्पी जादूची ची झप्पी (बाल कविताओं का संकलन) आदि प्रमुख हैं।

इसके अतिरिक्त उन्होंने कुछ ग्रंथों का सम्पादन कार्य भी किया है। उनमें साक्षात् साहित्य पत्रिका, केसूला (बंजारा लोक गीतों का संकलन), परिवर्तनाचा वाटसरू (साहित्य पत्रिका) बंजारा जागृति (वसंतराव नाईक स्मृति विशेषांक) आदि प्रमुख हैं।

इसके अलावा उन्होंने दो लघु शोध परियोजना का कार्य भी किया है। जिनमें शालेय विद्यार्थ्यांचे भाषा वाङ्मयीन आकलन आणि भाषिक संवेदनशीलता, और project of Tribal Community Ethnography, Centre of Excellence of Ministry of Tribal Affairs, Government of India and Bhasha Vadodra.

उन्होंने भारतीय साहित्य अकादमी, नई दिल्ली द्वारा दी जाने वाली फेलोशिप का भी लाभ उठाया है।

वी.रा. राठौड़ विविध समाचार-पत्रों के लिए स्तम्भ लेखन का कार्य भी निरन्तर रूप से करते रहे हैं। उनमें दै. दिव्य मराठी समाचार-पत्र के रसिक पुरवणी के रग आणि धगधग के लिए, दैनिक महाराष्ट्र टाइम्स के सगुण निर्गुण सदर के लिए तथा दैनिक सकाळ गुड मॉर्निंग के लिए वह प्रमुख हैं।

औरंगाबाद, मुम्बई, अमरावती, नांदेड़ आदि विश्वविद्यालयों के पाठ्यक्रमों में इनकी कविताएँ पढ़ाई जाती रही हैं।

उनकी अब तक की साहित्य सेवा को ध्यान में रखते हुए उन्हें निम्न पुरस्कारों से गौरवान्वित किया गया है जिनमें :

भारतीय साहित्य अकादमी, नई दिल्ली युवा पुरस्कार (2015), मराठवाड़ा साहित्य परिषद औरंगाबाद द्वारा दिया जाने वाला कुसुमावती देशमुख काव्य पुरस्कार (2015), आपटे वाचन मन्दिर काव्य पुरस्कार, इचलकरंजी (2015), यशवन्तराव चव्हाण काव्य पुरस्कार, पुणे (2015), कवी अनन्त फंदी काव्य पुरस्कार, संगमनेर (2015), पद्मश्री दया पवार साहित्य पुरस्कार, मुम्बई (2015), पद्मश्री नामदेव ढसाळ साहित्य पुरस्कार, राजगुरुनगर (2016), यशवन्तराव चव्हाण साहित्य पुरस्कार आंबेजोगाई (2016), स्व. प्रभाकर चव्हाण साहित्य पुरस्कार, सांगली (2015), एम.सी.एन.टी.वी, विशेष मराठवाड़ा यूथ आयकॉन पुरस्कार (2018), दिव्य मराठी प्राउड ऑफ महाराष्ट्रियन ऑवार्ड (2019) आदि प्रमुख हैं। प्रस्तुत पाठ्य-पुस्तक में उनकी दो कविताएँ संकलित की गई हैं।

कविता का आशय

वी.रा. राठौड़ जी की 'मैं रोटी तलाशता हूँ तुम गीत गुनगुनाती रहना' और 'लहू रिसते सलीब की टीस' ये दो अनूदित कविताएँ प्रस्तुत काव्य संकलन में समाहित हैं, जिनका अनुवाद सुप्रसिद्ध अनुवादक प्रकाश भातांब्रेकर जी ने किया है।

प्रथम कविता 'मैं रोटी तलाशता हूँ तुम गीत गुनगुनाती रहना' यह भी एक प्रेम कविता ही है। परन्तु इसमें भी कवि यथार्थ शैली को अपनाते हुए प्रेम में आदर्श के यथार्थ को अधिक महत्त्व देता हुआ दिखाई देता है। सम्पूर्ण कविता में प्रियकर और प्रेयसी उनके जीवन में भूख, रोटी और गीत का क्या स्थान एवं महत्त्व है उसकी चर्चा करते हुए प्रियकर संकल्प करता है कि मैं रोटी तलाशता हूँ और तुम गीत गुनगुनाती रहना। क्योंकि जीवन जीने के लिए जितना आवश्यक रोटी तलाशना है, उतना ही आवश्यक गीत का निर्माण करना भी है। कवि का यह कहना है कि गीत की धुन भूख और प्यास को बिसराती है।

दूसरी कविता 'लहू रिसते सलीब की टीस' में कवि ने इनसानियत या मानवीयता का गीत गुनगुनाया है। इस मानवता को स्थापित करने के लिए येशु ख्रिस्त, सुकरात, कबीरदास, तुकाराम और भगवान गौतम बुद्ध की तरह कवि स्वयं भी कुछ कर गुजरने की इच्छा प्रकट करता है। पूरी कविता में कवि का अन्तिम लक्ष्य मनुष्य के भीतर की इनसानियत को पहचान कर उसे गले लगाना है। प्रस्तुत कविता के माध्यम से कवि हमें यह बताना चाहता है कि इस इनसानियत को स्थापित करने में मुख्य बाधाएँ हैं जात-पात, धर्म और पंथ। इससे परे जाकर जब तक मनुष्य मनुष्य को मनुष्य के रूप में नहीं देखेगा, तब तक मानवता की प्रतिष्ठापना बड़ा दुष्कर कार्य है।

मैं रोटी तलाशता हूँ तुम गीत गुनगुनाती रहना

मैं रोटी तलाशता हूँ तुम गीत गुनगुनाती रहना
इतना क्यों दिल खट्टा कर लेती हो तुम
यहाँ सदियों तक रहने के लिए
थोड़े ही आया है कोई
जैसे दुख-दर्द
ठिया लगाकर ही बैठने वाला हो
तुम्हारे द्वार पर
रहेगा दो-चार दिन
रिश्तेदार समझकर
वैसा भी बड़ा ही है तुम्हारी आँचल
मालूम है उसे भी
तुम बेकार में यूँ ही
ढालती रहती हो आँसू
छोटे बच्चों की तरह
कितनी बार समझाया है तुम्हे
इतने सस्ते में नहीं लुटा देते
मेहनत की कमाई को
खेलने-दौड़ने के चक्कर में
ठोकर खाकर गिरते बच्चे को
हिम्मत बाँधने का किस्सा
तुम्हीं तो कहती आई हो आज तक
तुम्हें पता है कि
चींटी जितने सपनों पर
मँड़रा रहे हैं घनेरे बादल
और गिद्ध भी...न जाने कब से

जब कि हम जुटे हैं
सनातन भूख से जूझने में
यह सब नया थोड़े ही हमारे लिए
बाप रित गया रोटी में
तब माँ ने पाला-पोसा
गीतों के बलबूते पर
घनघोर अँधेरे में
चाँदनी बिखेरती थी वह
और भूख की आग
शान्त करती गित सुनाकर
तब पता चला था कि
भूख का बाजार भाव क्या होता है
गाने गुनगुनाने जितना आसान नहीं होता है
रोटी को पकड़ना
कि जब जी में आया
सुरों-सा पकड़ लिया
फिर भी गीत श्रेष्ठ ही होता है
रोटी की तुलना में
क्योंकि गीतों की धुन भूख-प्यास बिसराती है
अब भी भूला नहीं हूँ
तुम भी हमेशा याद रखना
मेहनत के घावों की
रूठी इच्छाओं की
कौन करता है परवाह
यदि करनी है रहबरी तो
ठोकरें खानी ही पड़ती हैं
और वैसे भी मेरे-तुम्हारे पास
ऐसा है ही क्या
जो उड़ा ले जाएगा वह
पर हाँ, तुम्हारे एतबार की पोटली
भरी रहने दो मेरे सिरहाने
मेरी हस्ती मिटाने पर आमादा हैं भूत-पिशाच
सपने में भी नहीं छोड़ते पीछा मेरा

फिर भी हम लगाते ही है टेक
अपने सपनों में हर रोज
जो हमें जमीदोज करने पर
तुले होते है बाकायदा
पी लेते हैं अश्कों को हम ताकि
आँखों से झर न जाएँ सपने
भरोसा रखना
हमारे पाल से भी जरूर
उड़ेंगे पंख कभी न कभी
तब तक
मैं रोटी तलाशता हूँ
तुम गीत गुनगुनाती रहना।

अनुवाद : प्रकाश भातांब्रेकर

लहू रिसते सलीब की टीस

लहू रिसते सलीब की टीस
एक बड़ा भारी सलीब
आन पड़ा है मेरे कंधों पर
और धीरे-धीरे ठोंकी जा रही है
एक-एक कील
मेरे हाथ, पैर, सिने, माथे में
मैं लहूलुहान हो रहा हूँ
बहते-बहते मेरा लहू
खत्म हो जाएगा शायद
किन्तु बर्फ नहीं बनेगा वह
भय के मारे
क्योंकि मैं निकल पड़ा हूँ
सुकरात के छंदशास्त्र की टोह लेने
मेरे भीतर का इनसान
त्याग देना चाहता है
जात-पात, धर्म-पंत और ऐसे ही बहुत कुछ भेद
लेकिन परम्परा के दायरे को
तोड़ पाना मुश्किल हो रहा है
पता नहीं
और कितनी पीढ़ियों तक
ढाती रहेगी क़हर छाती पर
भूत बनकर
वैसे सहते-सहते फौलाद बन गया सीना
ढाल की तरह
आँखों की गहराई से

मस्तिष्क के कीड़े तक
और सम्पूर्ण अंग-अंग में फैली धमनियों में
समाया है
तुकाराम का महामंत्र
इसी वजह से मैं
समूचे बदन में
यीशू की तरह
कीलें ठुकवाने की जुर्रत
कर रहा हूँ मैं
मैं जानता हूँ कि
बुद्ध के ध्यान पथ से बेहद
सहमा हुआ है
परम्पराओं का यह गुंजलक
इसी तरह मेरे भीतर के निर्झर को
बहने नहीं दिया जाता मुक्त रूप से
और नहीं पहुचने दिया जाता मुझे
बुद्ध की गया को
किन्तु मैंने भी ठान ली है
किसी भी कीमत पर
इनसानियत को जीवित रखने की
इसलिए आने वाली को
कबीर बनकर बरसने का
आवाहान किए जा रहा हूँ
वह आकाश नीलिमा को धारण करे
और गले लगाए इनसान के भीतर की
इनसानियत को।

अनुवाद : प्रकाश भातांब्रेकर

विश्वाधार देशमुख

विश्वाधार देशमुख का जन्म 22 दिसम्बर, 1980 को हुआ है। एम.ए. मराठी, पीएच.डी तक की शिक्षा पूर्ण करने के बाद वर्तमान में वे यशवन्त महाविद्यालय, नांदेड़ में मराठी विषय के सहयोगी प्राध्यापक के रूप में कार्यरत हैं। महाविद्यालयीन जीवन में वाद-विवाद, वक्तृत्व, कथा कथन, भाषण आदि प्रतियोगिताओं में सक्रिय सहभाग दर्ज कर विश्वाधार देशमुख ने महाराष्ट्र में बीस-पचीस वर्षों से निरन्तर चलने वाली लगभग सभी वाद-विवाद एवं वक्तृत्व प्रतियोगिताओ में प्रथम पुरस्कार प्राप्त किए हैं। कवि नारायण सुर्वे और धूमिल की कविताओं का तुलनात्मक अध्ययन कर उन्होंने पी-एच.डी. की उपाधि प्राप्त की है। प्रादेशिक भाषाओं के साहित्य में अभिव्यक्त भारतीयत्व की खोज इस बृहत शोध परियोजना पर वे वर्तमान में अनुसन्धान कार्य कर रहे हैं। उन्हें इंडियन इंस्टिट्यूट ऑफ एडवांस स्टडी (IIAS) द्वारा अनुसन्धान हेतु दी जाने वाली फेलोशिप भी प्राप्त हुई है। उनकी अब तक चार पुस्तकें प्रकाशित हुई हैं, जिनमें नारायण सुर्वे आणि धूमिल इनकी कविताओं का तुलनात्मक अध्ययन (पी-एच.डी. अनुसन्धान का शोध प्रबन्ध), वाहतो कवितेची पालखी (मराठी काव्य संकलन जिसका सुनील बाबुराव कुलकर्णी देशगव्हाणकर ने 'ढोता हूँ कविता की पालकी' इस शीर्षक से हिन्दी अनुवाद भी किया है।), यात्रा, अन्वयार्थ, दिंडी आदि प्रमुख हैं। इसके अतिरिक्त वे विचार शलाका, युवा मन्वन्तर, और अभिरुचि इन तीन यूट्यूब चैनल के माध्यम से छात्रों के लिए विविध कार्यक्रम उपक्रमों का आयोजन करते रहते हैं। दैनिक पुण्यनगरी, दैनिक एकमत, दैनिक महानगर और साप्ताहिक लोकप्रभा में वे निरन्तर स्तम्भ लेखन का कार्य करते हैं। एक कवि, निवेदक, स्तम्भ लेखक और ओजस्वी वक्ता के रूप में उनकी विशेष ख्याति रही है। 'ढोता हूँ कविता की पालकी' काव्य संकलन में संकलित तथा ज्ञानोदय हिन्दी की बहुप्रतिष्ठित साहित्य पत्रिका में प्रकाशित दो कविताओं का समावेश इस पाठ्य-पुस्तक में किया गया है।

कविता का आशय

डॉ. विश्वाधार देशमुख द्वारा लिखित दो कविताएँ 'जिसकी कोख से जन्म होता' तथा 'माँ होती है झूले का बल...' प्रस्तुत काव्य संकलन में संकलित है। जिसका मैंने स्वयं अनुवाद किया है और जो हिन्दी की सुप्रसिद्ध पत्रिका ज्ञानोदय तथा भाषा में भी प्रकाशित हुआ है।

प्रथम कविता 'जिसकी कोख से जन्म होता' में कवि ने मनुष्य जीवन में माँ और पिता के महत्त्व को विशद किया है। कवि कहता है कि दोनों का मनुष्य जीवन में बराबरी का स्थान रहा है। दोनों का अस्तित्व एक-दूसरे के बिना आधा अधूरा-सा लगता है। कवि बताता है कि प्राय: मनुष्य का जन्म माँ की कोख से होता है परन्तु पिता के पेट पर खेलने में भी बहुत मजा आता है। जो हमारी देह को धारण करती है उसे हम माँ कहते हैं और जो हमारा सिंचन करता है उसे हम पिता कहते हैं। जिसके स्तन चूसकर दूध पिया जाता है उसे हम माँ कहते हैं परन्तु जिसकी मूँछें चुभने पर भी चुम्बन लिया जाता है उसे हम पिता मानते हैं। जो हमें गोद में लेकर सहलाती है उसे हम माँ कहते हैं और जो हमें हाथों में पकड़कर ऊँचा उठाता है उसे हम पिता कहते हैं। जो उँगली पकड़कर हमें चलना सिखाती है उसे हम माँ कहते हैं और जो हमें कंधों पर लेकर दौड़ना सिखाता है उसे हम पिता कहते हैं। जो हमें डूब-डूब गगरी करती वह माँ होती है और जो हमें हर-हर गंगे करता है वह पिता होता है। जो हमें आँचल तले दबाती है वह माँ होती है और जो हमें पिंजड़े के बाहर निकालकर उड़ना सिखाता है वह पिता होता है। जो हमेशा व्याकुल-सी दिखाई देती वह माँ और जो हमेशा संयम सिखाता है वह पिता होता है। जो हमें आशीर्वचन जैसे लगती है वह माँ और जो हमें नमस्कार तुल्य लगता है वह पिता होता है। कवि अन्त में लिखता है कि जिसके सिवाय जीवन नहीं होता है वह माँ होती और जिसके सिवाय भविष्य नहीं होता वह पिता होता है। संक्षेप में कवि हमें यह बताना चाहता है कि मनुष्य जीवन में दोनों का स्थान अत्यन्त महत्त्वपूर्ण होता है।

दूसरी कविता 'माँ होती है झूले का बल...' में कवि ने मनुष्य जीवन में पिता की महत्ता का गीत गाया है। आधुनिक जीवन के अनेक प्रतीकों के माध्यम से कवि ने पिता की महती भूमिका पर प्रकाश डाला है। कवि का यह मानना है कि माँ झूले का बल होती है, माँ जीवन का सम्बल होती है; परन्तु पिता कौन होता? कौन होता है पिता? इसके उत्तर में कवि बताता है कि मोबाइल के जमाने में कोने में पड़ा हुआ लैंडलाइन का फोन होता है पिता, जो हमें कभी हिटलर तो कभी रावण, कभी भीम जैसा दिखाई देता है। परन्तु वास्तव में मल्टीमीडिया हैंडसेट को अर्थपूर्णता प्रदान करने

वाला लाइफटाइम का सिम होता है पिता। पिता में कवि को कभी लसदार जवानी को कड़वाहट में ढालने वाला फ्लेवर दिखाई देता है तो कभी अपना वॉलपेपर सेट करने वाला पीठ पीछे छिपा हुआ स्क्रीन सेवर लगता है पिता। कवि को पिता कभी कभार जरा-सी गलती पर शूट करने वाला शार्प शूटर लगता है तो कभी हमारे जीवन का सिलेंडर सालोंसाल ढोने वाला बजाज का स्कूटर लगता है। केवल बकबक करने वाला बकवास और जिन्दगी भर की किर-किर लगता है पिता लेकिन जिसके कारण भोजन में स्वाद उत्पन्न होता है ऐसा नमक होता है पिता। कभी-कभी ऐसी मगरूरता कि खुन्नस लगता है पिता तो कभी-कभी ऊपर से कडा परन्तु अन्दर से मीठा कटहल लगता है पिता। कवि पिता की तुलना कभी पोगो पर के मिस्टर बीन के साथ करता है तो कभी समझौते के चिराग में कैद अलादीन लगता है पिता। सर पर गंज, बढ़ी हुई तोंद और काला घना चेहरा कितना नीरस दिखता है पिता परन्तु कोल्हू की बैल की तरह कड़ी मेहनत करने वाला अधिकारिक कल्पवृक्ष लगता है। परन्तु हमारा हुआ है यह कि माँ लगती है दो पाढ़ा जो जरा-सा भी नहीं छलता और पिता लगता है सूद पर सूद बढ़ने वाला गणित, गणित जो समझते नहीं समझता। कवि अन्त में अपने मित्रों को पिता का महत्त्व समझने हेतु एक बार क्यों न हो पिता का जन्म लेकर देखने की सलाह देता है।

जिसकी कोख से जन्म होता

जिसकी कोख से जन्म होता : वह माँ
जिसके पेट पर खेलने में मजा आता : वह पिता!
जो धारण करती : वह माँ
जो सिंचन करता : वह पिता!
जिसके स्तन चूसकर दूध पिया जाता : वह माँ
जिसकी मूँछे चुभने पर भी चुम्बन लिया जाता : वह पिता!
जो गोद में लेकर सहलाती : वह माँ
जो हाथों में धरकर ऊँचा उठाता : वह पिता!
जो उँगली पकड़कर चलाना सिखाती : वह माँ
जो कंधों पर लेकर दौड़ना सिखाता : वह पिता!
जो डूब-डूब गगरी करती : वह माँ
जो हर-हर गंगे करता : वह पिता!
जो आँचल तले दबाती : वह माँ
जो पिंजड़े के बाहर निकालता : वह पिता!
जो व्याकुल होती : वह माँ
जो संयम सिखाता : वह पिता!
जो आशीर्वचन जैसी : वह माँ
जो नमस्कार तुल्य : वह पिता!
जिसके सिवाय जीवन नहीं : वह माँ
जिसके सिवाय भविष्य नहीं : वह पिता!

अनुवाद : सुनील बाबुराव कुलकर्णी
देशगव्हाणकर

माँ होती है झूले का बल

माँ होती है झूले का बल
माँ होती है जीवन का सम्बल...
फिर पिता कौन होता है...
कौन होता है पिता?
मोबाइल के जमाने में
कोने में पड़ा हुआ
लैंडलाइन का फोन होता पिता!
कभी हिटलर, कभी रावण,
तो कभी भीम दिखता है पिता
लेकिन मल्टीमीडिया हैंडसेट को
अर्थपूर्णता प्रदान करने वाला
लाइफ टाइम का रिम होता है पिता!
लसदार जवानी को
कड़वाहट में ढालने वाला फ्लेवर दिखता पिता
पर अपना वॉलपेपर सेट करने के लिए
पीठ पीछे छिपा हुआ स्क्रीन सेवर होता है पिता!
जरा-सी गलती पर शूट करने वाला
शार्प शूटर दिखता है पिता,
परन्तु हमारे जीवन का सिलेंडर
सालोंसाल ढोने वाला
बजाज का स्कूटर होता है पिता!
केवल बकबक केवल बकवास
और जिन्दगी भर की किरकिरी लगता पिता
लेकिन जिसके कारण भोजन में स्वाद आता
ऐसी मेहनत का नमक होता है पिता!

'आ देखें जरा किसमें कितना है दम'
ऐसी मगरूरतः की खुन्नस दिखाता पिता
ऊपर से कड़ा पर अन्दर से मीठा लगने वाला
मीठा-मीठा कटहल होता पिता!
आज के स्मार्ट युग में
स्वयं ही स्वयं पर हँसने वाला
पोगो पर का मिस्टर बीन लगता है पिता
लेकिन घर का घरपण बनाए रखने के लिए
समझौते के चिराग में कैद हुआ
बेचारा अलादीन होता है पिता!
सर पर गंज, बढ़ी हुई तोंद और काला घना चेहरा
कितना नीरस दिखता है पिता
पर कोल्हू के बैल की तरह कड़ी मेहनत करने वाला
अधिकारिक कल्पवृक्ष होता है पिता!
पर हमारा हुआ है यह कि
माँ लगती है दो पाढ़ा
जरा-सा भी नहीं छलता
और पिता लगता है सूद-दर सूद बढ़ने वाला गणित
समझते नहीं समझता!
पर दोस्तो अब एक काम करो
फटी हुई बनियान, टूटी हुई स्लीपर पहनने वाले
हाथों पर पड़े छाले छिपाकर सदैव
भविष्य के बारे में बोलने वाले
पीठ के टेढ़ेपन के कारण सदैव झुककर चलने वाले
अपने पिता के चरणों पर मथा टेककर देखो
पिता समझ में आएँगे तुम्हें भी
बस एक बार क्यों न हो पिता की जगह लेकर देखो!

अनुवाद : सुनील बाबुरात्र कुलकर्णी
देशगव्हाणकर